METTRE EN AVANT LES PRODUITS LOCAUX DE CÔTE D'IVOIRE COMME LEVIER DE CROISSANCE

Djonsky Mampouya Harpela-Kenisel

METTRE EN AVANT LES PRODUITS LOCAUX DE CÔTE D'IVOIRE COMME LEVIER DE CROISSANCE

L'Harmattan
Côte d'Ivoire

Déjà parus, chez le même éditeur

ALASSANE OUATTARA, Bâtisseur infatigable d'une Côte d'Ivoire unie et prospère, 2024

LE RÔLE D'UN CITOYEN ENVERS SON PAYS, 2024

TACTIQUES ET PROCÉDÉS POUR RÉUSSIR UNE VENTE , 2024

5-7, rue de l'École-Polytechnique ; 75005 Paris

www.editions-harmattan.fr

ISBN : 978-2-336-55064-0
EAN : 9782336550640

Introduction

Pourquoi ai-je écrit ce livre ? La question pourrait paraître simple, presque banale, mais la réponse est enracinée dans un véritable cri du cœur. Ce livre est né d'une conviction profonde : la Côte d'Ivoire a en elle des richesses extraordinaires, parfois cachées, souvent sous-estimées, qui peuvent transformer notre destin collectif si nous décidons de leur accorder l'attention qu'elles méritent. En parcourant nos marchés, nos villages, nos communautés, je suis frappé par la diversité et l'authenticité de nos produits locaux, ces trésors issus de la terre, du savoir-faire et de l'héritage ivoirien. Cependant, il est douloureux de constater qu'en dépit de leur valeur inestimable, ils sont souvent éclipsés par une surconsommation de produits importés, comme si tout ce qui venait de l'extérieur avait systématiquement plus de valeur que ce que nous produisons nous-mêmes. Ce livre est une invitation à changer ce paradigme, à réinventer notre regard sur nos ressources et à faire des produits locaux le catalyseur de notre développement.

Ce voyage écrit est une exploration passionnante au cœur de la Côte d'Ivoire et de ses richesses oubliées, celles qui portent en elles l'économie de demain, la cohésion sociale, et l'identité nationale. La mondialisation et la modernisation, souvent à tort, nous ont incités à croire que ce qui est local est révolu, que ce qui est traditionnel est dépassé. Or, il est temps de briser ce mythe. Il est temps de reconnaître que derrière chaque produit local se trouve une histoire, un savoir-faire ancestral, une famille qui travaille avec passion, et une contribution significative à la résilience de notre économie. Je souhaite, à travers cet ouvrage, mettre en lumière ces produits locaux non seulement comme des biens de consommation, mais comme des symboles de notre potentiel et de notre avenir. Ce livre n'est pas uniquement un plaidoyer pour consommer local, il est surtout un appel à prendre conscience de notre propre valeur en tant que nation capable de subvenir à ses besoins, de créer et d'innover à partir de ses propres ressources.

En feuilletant ces pages, vous découvrirez un récit vibrant et inspirant, un récit de prise de conscience, de fierté retrouvée et de défis relevés par des hommes et des femmes qui ont fait le choix du local. J'ai voulu peindre un portrait complet, à la fois réaliste et plein d'espoir, de la situation actuelle de notre production locale. Vous comprendrez pourquoi nos habitudes de consommation ont tant changé au fil des décennies, en nous détournant parfois de nos produits autochtones. Nous reviendrons ensemble sur l'histoire de nos habitudes alimentaires et culturelles, une histoire riche, mais parfois tumultueuse, marquée par des influences étrangères, des décisions politiques, et une recherche constante d'un modèle de développement idéal.

Ce livre ne se contente pas de dresser un constat des défis, il propose des solutions pragmatiques et créatives. Il s'agit de créer une dynamique, une chaîne vertueuse où chaque acteur — gouvernement, producteurs, entrepreneurs, consommateurs, et même notre diaspora — trouve sa place et joue un rôle décisif. Ensemble, nous explorerons les moyens de soutenir nos producteurs, d'améliorer leurs conditions de travail, de leur offrir une meilleure visibilité sur les marchés, et surtout de redonner ses lettres de noblesse à ce qui est local. Car valoriser les produits ivoiriens, c'est avant tout valoriser les Ivoiriens, leur offrir des perspectives, des opportunités, et une vie meilleure.

Imaginez un instant une Côte d'Ivoire où les étalages des marchés locaux sont pleins à craquer de produits frais et variés, où chaque consommateur préfère choisir du made in

Côte d'Ivoire pour son authenticité et sa qualité, où nos artisans et producteurs sont fiers de leurs créations, sachant qu'ils contribuent directement à l'essor économique et social de notre pays. J'ai écrit ce livre pour que ce rêve devienne réalité. J'ai écrit ce livre pour que chaque Ivoirien puisse retrouver dans les produits de son terroir une part de son identité, de sa culture, et de sa force. Pour que nous puissions marcher ensemble vers un avenir où l'on ne se contente plus de subir les lois du marché mondial, mais où nous devenons de véritables acteurs de notre propre destin.

Ce livre est aussi un hommage à ceux qui, malgré les obstacles, ont choisi de rester fidèles à leur terre et à leur savoir-faire. Les success stories que vous lirez ne sont pas de simples anecdotes ; elles sont la preuve que, avec de la détermination, de l'innovation et du soutien, les produits locaux peuvent trouver leur place sur les marchés nationaux et même internationaux. En m'inspirant de ces parcours exemplaires, je souhaite éveiller chez le lecteur une étincelle de volonté, l'envie de soutenir, de créer, de croire en nos potentialités, parce que chaque petit geste compte. Chaque achat local est un pas de plus vers une autonomie économique, une valorisation culturelle, et une responsabilité écologique.

Dans ces pages, je mets en lumière l'importance cruciale de l'éducation et du rôle des leaders d'opinion. Nous devons changer les mentalités, redonner confiance en ce qui est produit ici, dans nos villages, par nos mains, avec notre savoir. Les artistes, les influenceurs, les éducateurs ont un rôle majeur à jouer dans cette renaissance. Il est essentiel que chaque enfant ivoirien grandisse en apprenant la valeur de ce que son propre pays peut offrir. Que chaque citoyen puisse s'identifier à ces produits comme étant une part essentielle de ce qu'il est.

J'espère que chaque page de ce livre vous poussera à réfléchir, à agir, à encourager les initiatives locales et à prendre part activement à ce mouvement de valorisation des produits ivoiriens. Ensemble, nous pouvons créer un futur où la consommation locale n'est plus une alternative, mais la norme. Un futur où la richesse de notre terroir est exploitée de manière durable, au bénéfice de tous, et où chaque Ivoirien peut être fier de ce qu'il consomme, de ce qu'il produit, et de ce qu'il représente.

Alors, chers lecteurs, prenez place dans ce voyage qui vous fera redécouvrir la Côte d'Ivoire. Ensemble, valorisons ce que nous avons de plus précieux : nos produits, nos ressources, notre identité. Tournez la page, laissez-vous emporter, et ensemble, bâtissons une nation qui sait reconnaître la vraie valeur de ses racines et en faire le pilier de son développement.

Chapitre 1
Comprendre l'importance des produits locaux

Ce chapitre est particulièrement important car il pose les fondations sur lesquelles reposent toutes les réflexions ultérieures de cet ouvrage. Comprendre l'importance des produits locaux, c'est aller bien au-delà de la simple préférence pour un produit qui est cultivé ou fabriqué à proximité. C'est comprendre les dynamiques économiques, sociales, culturelles, et même environnementales que cela entraîne. C'est aussi accepter que chaque choix de consommation est une action politique et sociale qui peut avoir des conséquences profondes. En tant qu'auteur et en tant qu'Ivoirien, j'ai été confronté à cette question de nombreuses fois, et ce qui m'a marqué le plus, c'est que notre consommation peut devenir un moteur de transformation pour la société. Dans ce chapitre, je veux partager avec vous pourquoi il est crucial d'encourager la consommation des produits locaux.

Avantages économiques

Les produits locaux ont un impact direct et considérable sur l'économie nationale. Lorsque nous choisissons d'acheter local, nous soutenons directement nos agriculteurs, nos artisans et nos entrepreneurs. L'argent dépensé reste dans l'économie nationale et, à travers le mécanisme du multiplicateur économique, cet argent se transforme en revenu pour d'autres citoyens. Je me rappelle de discussions avec certains producteurs de cacao dans la région de San Pedro, qui m'expliquaient combien il est difficile pour eux de survivre sur le marché international où les prix sont dictés par des forces étrangères. Choisir des produits locaux, c'est protéger nos producteurs de ces fluctuations imprévisibles. Ça leur permet de vendre à des prix qui sont justes et de vivre dignement de leur travail.

Imaginez ce qui pourrait se passer si chaque Ivoirien consacrait simplement une partie de son budget d'achat aux produits locaux : l'argent resterait dans les circuits économiques locaux, stimulés par la demande. Plus de production signifie plus d'emplois. Plus d'emplois signifie une réduction du chômage, surtout dans les zones rurales. Et ce n'est pas tout, cela permettrait aussi de développer de nouveaux secteurs liés à la transformation et à la distribution. En consommant local, nous soutenons les circuits courts qui réduisent les coûts logistiques et favorisent l'efficacité économique.

Impact sur les importations et la balance commerciale

Aujourd'hui, la Côte d'Ivoire, comme de nombreux autres pays en développement, fait face à une dépendance accrue envers les produits importés. Cette dépendance creuse la balance commerciale, affaiblit notre monnaie et nous expose à des incertitudes économiques globales. D'une manière très simple, chaque produit importé que nous achetons signifie une sortie de devises, c'est-à-dire une perte de richesse nationale. En revanche, chaque fois que nous optons pour un produit local, nous réduisons notre besoin d'importation et contribuons à l'amélioration de la balance commerciale de notre pays.

Je pense souvent aux producteurs d'attiéké de Grand-Bassam, qui doivent se battre contre les produits préfabriqués importés qui inondent les supermarchés. En faisant le choix conscient de préférer l'attiéké local, non seulement nous préservons une tradition culinaire et un patrimoine culturel, mais nous réduisons aussi la pression sur les importations de substituts préparés qui ne profitent en rien à nos producteurs.

Avantages culturels et renforcement de l'identité nationale

Les produits locaux sont l'expression de notre identité culturelle. Consommer local, c'est valoriser notre culture et notre patrimoine. Chaque produit que nous consommons raconte une histoire. C'est une histoire de transmission, de traditions, de méthodes de production, d'adaptation à notre climat et à notre terroir. J'aime dire que nos produits locaux sont le reflet de ce que nous sommes, de notre diversité et de notre créativité. Quand nous choisissons un produit fabriqué localement, nous envoyons un message fort : nous avons confiance en nous-mêmes, en notre capacité à produire de la qualité.

Il est important de se rappeler que notre identité nationale est en grande partie liée à ce que nous consommons. La mondialisation a, dans certains cas, atténué cette identité. Mais je suis convaincu que la promotion des produits locaux est un levier puissant pour la renforcer. Lors de mes visites dans des écoles, j'ai souvent parlé aux élèves de la valeur de nos produits traditionnels, comme le beurre de karité ou les épices ivoiriennes, et je les ai vus redécouvrir un sentiment de fierté. Ces produits sont uniques, ils nous appartiennent, et leur consommation contribue à faire vivre une partie de notre histoire collective.

Avantages sociaux : la création d'un lien communautaire

L'achat de produits locaux crée également du lien social. Nos marchés traditionnels, par exemple, ne sont pas de simples lieux de transactions commerciales ; ils sont des espaces de rencontre, de dialogue, de solidarité. Soutenir les producteurs locaux signifie encourager ces lieux de sociabilité et faire vivre le tissu communautaire. En choisissant d'acheter directement aux producteurs, nous participons à une économie plus humaine, plus équitable, où la valeur est réellement partagée. La relation directe entre producteur et consommateur réduit la distance entre ceux qui produisent et ceux qui consomment, rendant chacun plus conscient de l'effort et du savoir-faire investis.

J'ai eu l'occasion de rencontrer des femmes qui produisent du gari dans la région d'Abengourou. Elles m'ont parlé de la satisfaction qu'elles ressentent lorsqu'elles vendent leurs produits sur le marché local et voient directement les consommateurs les apprécier. Ces femmes se sentent valorisées, reconnues pour leur travail, et c'est précisément ce type de lien que la consommation locale peut créer et renforcer.

Impact environnemental

La consommation de produits locaux a également un impact environnemental très positif. En privilégiant les produits issus de notre terroir, nous réduisons les transports longue distance, souvent responsables d'émissions importantes de gaz à effet de serre. Cela signifie que chaque fois que nous choisissons un produit local plutôt qu'un produit importé, nous contribuons indirectement à la lutte contre le changement climatique. Par exemple, acheter des fruits produits en Côte d'Ivoire évite de dépendre de produits importés par avion ou par bateau, qui nécessitent une consommation énergétique importante.

Le mouvement vers une économie plus verte passe par des choix individuels comme celui de consommer local. C'est une façon concrète de réduire notre empreinte carbone. Nos produits agricoles, cultivés à petite échelle, respectent souvent davantage les cycles naturels et préservent la biodiversité. La polyculture, qui est une pratique courante en Côte d'Ivoire, permet de maintenir la fertilité des sols et de prévenir les dégradations environnementales, contrairement à certaines pratiques industrielles axées sur des monocultures intensives.

"Consommer local, c'est agir global." Cette phrase prend tout son sens lorsque l'on considère les bénéfices écologiques d'une consommation axée sur la proximité. Chaque geste compte, et c'est en multipliant ces gestes que nous pourrons faire une différence notable.

En résumé, comprendre l'importance des produits locaux, c'est comprendre que chaque décision que nous prenons a un impact profond sur notre économie, notre culture, notre communauté et notre environnement. Consommer local est bien plus qu'une tendance éphémère ; c'est un acte d'engagement envers nous-mêmes et envers notre avenir. J'espère que ce chapitre vous a convaincu de l'importance de redonner la priorité à nos produits, à nos agriculteurs, et à notre identité collective. Chaque achat local que nous faisons est une brique de plus pour construire une Côte d'Ivoire plus forte, plus prospère, et plus unie.

Chapitre 2
Un aperçu historique de la consommation en Côte d'Ivoire

Comprendre l'évolution des habitudes de consommation en Côte d'Ivoire, c'est plonger au cœur de l'histoire sociale, culturelle et économique du pays. En observant l'évolution des produits locaux aux produits importés, nous découvrons les racines profondes des comportements actuels et les raisons pour lesquelles nos habitudes alimentaires et de consommation ont changé au fil des décennies. Ce chapitre va explorer les déterminants de cette transition, les facteurs externes et internes qui ont joué un rôle dans ce changement de cap, et les conséquences profondes sur la société ivoirienne. Cette analyse est fondamentale, car elle nous permettra de comprendre ce qu'il nous faut corriger pour aller de l'avant vers une consommation plus équitable et résiliente.

Les premières influences coloniales

La transition des produits locaux aux produits importés commence avec la colonisation. Avant l'arrivée des colons, la consommation était entièrement basée sur des produits issus de l'agriculture de subsistance et de l'artisanat local. Les échanges commerciaux entre régions étaient également basés sur le troc de biens cultivés ou fabriqués localement. Cependant, avec l'arrivée des colons, l'introduction des produits manufacturés importés et de nouvelles cultures de rente a radicalement modifié la dynamique de consommation. Le célèbre « cacao », aujourd'hui l'une des principales richesses du pays, a été introduit comme une culture de rente destinée à l'exportation, limitant ainsi les espaces destinés à la production de cultures vivrières locales.

L'administration coloniale avait pour objectif de créer une économie axée sur l'exportation des matières premières vers la métropole, et l'importation de produits transformés et manufacturés pour les populations locales. Ce modèle économique a entrainé un changement profond dans les habitudes de consommation, les populations locales étant incitées à dépendre des produits importés, vus comme un signe de modernité et de progrès. Le riz, par exemple, qui n'était pas une culture indigène en Côte d'Ivoire, est devenu, au fil du temps, l'un des aliments de base du pays, supplantant les tubercules et les céréales locales telles que l'igname, le manioc et le mil.

L'indépendance et la recherche de la modernité

Après l'indépendance, en 1960, la Côte d'Ivoire s'est engagée dans une phase d'industrialisation et de modernisation rapide. Le rêve était de devenir une nation moderne, industrialisée, avec une économie florissante. Le Président Félix Houphouët-Boigny, fondateur de la nation ivoirienne, a mis en place des politiques qui encourageaient la modernisation du secteur agricole, mais également une ouverture aux produits importés. Le modèle de développement choisi était à forte orientation extérieure, avec une priorité accordée aux produits transformés venus de l'étranger. Cette vision était en partie motivée par le désir de rompre avec le passé colonial, et d'adopter ce qui était perçu comme « moderne » et « occidental ».

L'urbanisation rapide a également contribué à ce changement d'habitudes. Les populations rurales, déracinées et venues chercher des opportunités dans les grandes villes comme Abidjan, ont rapidement adopté des habitudes alimentaires différentes de celles de leurs villages d'origine. Les produits importés, présents dans les grandes surfaces, étaient souvent considérés comme plus prestigieux, un symbole de la vie moderne, par opposition aux produits locaux jugés « arriérés » ou « ruraux ».

Le marketing et l'influence culturelle

Il est impossible de parler de la transition des produits locaux aux produits importés sans évoquer le rôle du marketing et des campagnes publicitaires. L'influence des multinationales, à travers des campagnes bien organisées, a eu un impact considérable sur la façon dont les consommateurs percevaient leurs choix. Les publicités présentant des produits alimentaires comme le lait en poudre, les jus importés, ou les céréales transformées ont créé une demande croissante chez les consommateurs. Ces produits étaient souvent accompagnés d'un imaginaire de modernité, de santé et de prospérité. Consommer ces produits devenait ainsi une manière de montrer son statut social et de s'affirmer en tant qu'individu « moderne ».

Les médias ont également joué un rôle crucial. Les télévisions et les radios, d'abord monopolisées par l'État, puis progressivement ouvertes au secteur privé, ont été inondées de publicités vantant les bienfaits de produits venus d'ailleurs. Un exemple marquant est celui des boissons gazeuses. Aujourd'hui encore, boire des sodas lors des célébrations est considéré comme un signe de richesse et de réussite. Désormais, on se retrouve avec une génération entière qui a grandi en pensant que les produits importés étaient systématiquement meilleurs que les produits locaux.

Les années de crise et la réévaluation des habitudes

La crise économique des années 1980 et 1990 a eu pour conséquence une dévaluation massive du franc CFA, ce qui a fait exploser les prix des produits importés. Cette période de crise a fait réfléchir beaucoup de citoyens sur leur dépendance aux importations et sur la nécessité de revenir aux produits locaux pour subvenir à leurs besoins alimentaires quotidiens. Dans les villages, on a assisté à un regain d'intérêt pour les cultures vivrières. Les femmes ont joué un rôle central dans cette dynamique, en s'organisant pour cultiver et vendre des produits tels que l'attiéké, le manioc, et le gombo.

Cette période a aussi été marquée par la montée en puissance des coopératives agricoles, qui ont cherché à renforcer la production locale et à s'affranchir des aléas du marché international. Ce fut un moment charnière où de nombreuses personnes ont commencé à redécouvrir les vertus des produits locaux, non seulement parce qu'ils étaient plus accessibles, mais aussi parce qu'ils étaient mieux adaptés aux réalités économiques du pays.

Aujourd'hui : une prise de conscience émergente

Aujourd'hui, après plusieurs décennies de dépendance aux importations, la Côte d'Ivoire semble amorcer une réévaluation de ses habitudes de consommation. Cette prise de conscience est en partie due à l'éveil des consciences environnementales, mais aussi à une envie de retour à l'authentique, au naturel. Le secteur de l'agroécologie commence à se développer, et de plus en plus de jeunes entrepreneurs se lancent dans la production et la valorisation des produits locaux.

Les marchés locaux regorgent de produits de qualité, souvent méconnus mais authentiques. Et ce mouvement est encouragé par de nombreux leaders d'opinion et influenceurs qui redonnent ses lettres de noblesse au « made in Côte d'Ivoire ». Par exemple, des chefs cuisiniers mettent en avant les produits du terroir dans leurs créations culinaires, et des plateformes de commerce électronique facilitent la vente des produits artisanaux et agricoles ivoiriens.

Comme le dit le penseur africain Kwame Nkrumah : "Nous devons montrer que l'Afrique peut s'auto-suffire et que nos produits locaux peuvent être à la hauteur des standards internationaux" [Nkrumah, 1963]. Cette citation résume bien l'état d'esprit actuel, où la valorisation de nos ressources, de notre savoir-faire et de notre culture est devenue une priorité pour construire une économie plus résiliente et durable.

Le chemin vers une réappropriation de nos habitudes

Revenir à une consommation locale ne signifie pas se fermer au reste du monde. Cela signifie simplement que nous devons reconsidérer nos priorisations, favoriser ce qui est produit chez nous avant d'aller chercher ailleurs. Cela implique de soutenir les producteurs locaux, d'encourager les circuits courts et de s'engager personnellement pour faire vivre nos traditions et notre patrimoine. J'encourage chacun de mes lecteurs à se rendre dans un marché local, à rencontrer les producteurs, à discuter avec eux. Derrière chaque produit, il y a une histoire, une famille, une passion. Acheter local, c'est choisir de soutenir ces histoires et de participer à une dynamique de développement inclusif et équitable.

Chapitre 3
Les richesses du terroir ivoirien

La Côte d'Ivoire est une terre de richesse, une terre où chaque région, chaque village recèle des trésors uniques qui portent en eux non seulement des saveurs et des couleurs, mais aussi une part de notre histoire et de notre identité. Ce chapitre est une invitation à redécouvrir ces richesses du terroir, à comprendre leur importance et leur valeur. Parler des produits agricoles, artisanaux et industriels ivoiriens, c'est parler de ce qui fait la force de notre économie, de notre culture et de notre société.

Le cacao : l'or brun ivoirien

Le cacao est sans conteste l'un des symboles les plus éminents de la richesse ivoirienne. La Côte d'Ivoire est le premier producteur mondial de cacao, et ce n'est pas un hasard. Le cacao est bien plus qu'une culture, c'est une histoire de passion, de travail acharné, et d'héritage transmis de génération en génération. Lorsque je visite les plantations de cacao à l'ouest du pays, je suis toujours frappé par le dévouement des producteurs, souvent des familles entières, qui travaillent dur pour cultiver ces cabosses qui deviendront les tablettes de chocolat tant appréciées à travers le monde.

Mais il est important de rappeler que le cacao n'est pas seulement une matière première pour les grandes multinationales. C'est à nous de valoriser ce produit, de transformer localement, de créer des chocolats de qualité, des pâtes à tartiner, des confiseries qui porteront fièrement le label "Made in Côte d'Ivoire". J'ai rencontré de jeunes entrepreneurs qui ont fait ce pari, et je peux vous dire qu'ils réussissent à proposer des produits qui rivalisent sans complexe avec ceux importés. Le cacao est notre or brun, et il est temps que nous en soyons fiers et que nous l'exploitons à sa juste valeur.

L'attiéké : un symbole de notre culture gastronomique

L'attiéké est probablement l'un des plats les plus emblématiques de la culture ivoirienne. Ce couscous de manioc, préparé avec soin par des femmes dans les villages, est bien plus qu'un simple accompagnement. C'est un symbole de convivialité, de partage, et de tradition. Chaque région a sa propre façon de préparer l'attiéké, et chaque famille y apporte sa touche personnelle. L'attiéké est présent sur toutes nos tables, des plus modestes aux plus raffinées, et il est souvent accompagné de poissons braisés, de sauces à base de gombo ou d'autres spécialités locales.

Valoriser l'attiéké, c'est valoriser notre savoir-faire culinaire. Aujourd'hui, on trouve de l'attiéké pré-emballé dans certaines grandes surfaces, prêt à être cuisiné. C'est une belle avancée qui permet de rendre ce produit accessible au-delà de nos frontières. Mais il est important de préserver la qualité et l'authenticité de ce produit, car c'est ce qui en fait toute la richesse. "Acheter de l'attiéké local, c'est soutenir des milliers de femmes qui vivent de cette activité" - des femmes qui perpétuent un savoir-faire transmis de mère en fille.

Les textiles traditionnels : la fierté de nos artisans

En parlant des richesses du terroir ivoirien, je ne peux passer sous silence nos textiles traditionnels. Le pagne baoulé, le kente, ou encore le pagne tissé sont des trésors de créativité et de savoir-faire. Chaque motif, chaque couleur raconte une histoire, porte un message. Nos pagnes ne sont pas seulement des tissus, ce sont des œuvres d'art, des moyens d'expression culturelle. Lorsque l'on porte un pagne tissé, on porte fièrement une partie de notre histoire et de notre identité.

J'ai eu l'occasion de visiter des ateliers de tissage dans la région de Bouaké, et j'ai été impressionné par la dextérité des artisans. Leur patience, leur attention aux détails, et leur passion pour leur art sont tout simplement remarquables. Cependant, ces artisans font face à des défis majeurs : la concurrence des textiles importés à bas prix, le manque de soutien financier, et la faible reconnaissance de leur travail. Il est crucial que nous valorisions ces produits, que nous choisissions de porter nos textiles locaux plutôt que des tissus importés. "Acheter un pagne tissé local, c'est soutenir un artisan, c'est préserver un savoir-faire ancestral."

Les produits agricoles : une richesse diversifiée

La Côte d'Ivoire est également connue pour la diversité de ses produits agricoles. Outre le cacao, nous produisons du café, des noix de cajou, des bananes, de l'huile de palme, du manioc, des ignames, des aubergines, des tomates, et tant d'autres produits qui font la fierté de notre agriculture. Le manioc, par exemple, est une culture de base qui joue un rôle essentiel dans la sécurité alimentaire du pays. Il est transformé de différentes façons : attiéké, placali, gari, etc. Chaque transformation apporte une valeur ajoutée et permet de diversifier les usages.

Il est nécessaire d'encourager les jeunes à se tourner vers l'agriculture, non pas comme une activité de subsistance, mais comme une opportunité d'entrepreneuriat. De nombreux jeunes ont commencé à se lancer dans l'agriculture biologique, en produisant des fruits et légumes sans pesticides, avec un respect pour l'environnement. Cette tendance est très positive et doit être soutenue, car elle participe à la protection de notre écosystème et offre des produits plus sains aux consommateurs.

L'artisanat local : une économie de passion

Outre les textiles, l'artisanat ivoirien regorge de trésors : poterie, sculpture, bijoux, objets décoratifs en bois ou en bronze. Chaque artisan a une histoire, un parcours unique qui est souvent marqué par la passion pour l'art et l'envie de partager un peu de soi à travers ses créations. J'ai eu la chance de discuter avec un sculpteur à Korhogo qui m'a expliqué comment chaque masque qu'il crée est inspiré de ses rêves et des légendes transmises par ses ancêtres. Ce type d'artisanat est essentiel à notre patrimoine culturel, et il est vital de le préserver.

L'achat de ces objets artisanaux ne devrait pas être perçu comme une simple transaction commerciale, mais comme un geste de soutien à nos artisans, une manière de faire vivre notre culture. "Chaque objet artisanal que nous achetons est une pièce de notre histoire, une part de notre identité."

Les industries locales : un potentiel à exploiter

La Côte d'Ivoire ne se limite pas à la production agricole et artisanale ; elle dispose également d'un secteur industriel en plein essor. La transformation locale des matières premières est une étape cruciale pour ajouter de la valeur à nos produits. Prenons l'exemple des noix de cajou : la Côte d'Ivoire est l'un des plus grands producteurs mondiaux, mais pendant longtemps, ces noix étaient exportées brutes. Aujourd'hui, des initiatives locales commencent à transformer ces noix sur place, créant ainsi des emplois et augmentant la valeur ajoutée avant l'exportation.

Le secteur textile est également en train de renaître avec des initiatives locales de fabrication de vêtements modernes en utilisant des tissus traditionnels. Cela permet de créer un pont entre la tradition et la modernité, et de proposer des produits qui peuvent plaire aux jeunes et aux moins jeunes, tout en valorisant notre culture.

Pour conclure cette exploration des richesses du terroir ivoirien, je veux insister sur l'importance de valoriser ces produits, de leur redonner la place qu'ils méritent dans notre économie et notre quotidien. La diversité de nos produits locaux est une force que nous devons exploiter. Que ce soit le cacao, l'attiéké, les textiles, les produits agricoles ou l'artisanat, chaque secteur a un rôle crucial à jouer dans notre développement. Je vous invite, chers lecteurs, à soutenir ces produits, à les choisir chaque fois que vous en avez l'opportunité, et à devenir des ambassadeurs de notre terroir. Ensemble, nous pouvons faire en sorte que les richesses de la Côte d'Ivoire soient reconnues et appréciées à leur juste valeur, ici comme ailleurs.

Chapitre 4
Défis et obstacles à la valorisation des produits locaux

Le chemin vers une valorisation totale des produits locaux ivoiriens est pavé d'obstacles. Pour faire en sorte que nos produits puissent se distinguer sur le marché national et international, nous devons faire face à plusieurs défis majeurs qui freinent leur progression. Ces obstacles sont divers : de la concurrence acharnée des produits importés aux problèmes de financement auxquels sont confrontés les producteurs locaux, sans oublier les perceptions négatives que certains consommateurs ont vis-à-vis des produits ivoiriens. Comprendre ces défis est essentiel si nous voulons les surmonter et permettre à nos produits locaux de prendre la place qui leur revient de droit.

La concurrence des produits importés : un défi de taille

L'un des principaux défis auxquels nos produits locaux sont confrontés est la concurrence des produits importés. La mondialisation a facilité l'importation de produits étrangers à bas prix, souvent subventionnés par leurs pays d'origine, ce qui rend la concurrence particulièrement difficile pour nos producteurs locaux. Par exemple, les riz asiatiques, subventionnés par les gouvernements et produits à grande échelle, arrivent sur le marché ivoirien à des prix inférieurs à ceux du riz local. Cela crée une pression économique insoutenable pour nos agriculteurs qui se retrouvent dans l'incapacité de compétitionner à armes égales.

La situation est similaire dans d'autres secteurs, tels que les produits laitiers, où le lait en poudre importé prend une place prépondérante par rapport au lait frais produit localement. Les produits transformés, comme les pâtes alimentaires ou les conserves, sont souvent perçus comme plus modernes ou de meilleure qualité, ce qui nuit directement à la perception des produits ivoiriens. En tant qu'auteur, je suis conscient qu'il n'est pas facile pour un consommateur de toujours préférer un produit local plus cher, surtout dans un contexte économique difficile, mais je crois fermement que "chaque choix d'achat est une décision politique et économique". Choisir le local, c'est soutenir les emplois, les familles, et la prospérité de notre pays.

Pour surmonter ce défi, il est crucial que les producteurs locaux puissent être soutenus à travers des politiques publiques visant à réduire les coûts de production et à rendre leurs produits compétitifs. Cela pourrait inclure des subventions ciblées, des allègements fiscaux, et des programmes de formation pour aider les agriculteurs à améliorer leurs techniques de production. En tant que consommateurs, nous devons également comprendre que la préférence pour les produits importés est un cercle vicieux qui affaiblit notre économie. Pour briser ce cercle, nous devons collectivement choisir de soutenir nos producteurs.

Le manque de financement pour les producteurs locaux

Le financement est un autre obstacle majeur auquel sont confrontés les producteurs ivoiriens. Beaucoup de producteurs locaux, qu'ils soient agriculteurs, artisans ou entrepreneurs, ont du mal à accéder aux crédits bancaires. Les institutions financières considèrent souvent le secteur agricole comme risqué, en raison des aléas climatiques et de l'incertitude liée aux récoltes. Cela signifie que les producteurs locaux ne peuvent pas accéder aux ressources financières nécessaires pour moderniser leurs équipements, améliorer leur productivité ou transformer leurs produits.

Je me rappelle de mes discussions avec certains producteurs d'attiéké à Grand-Bassam. Ils m'ont expliqué que, sans accès à des financements, ils sont obligés de travailler avec des outils rudimentaires, ce qui limite leur capacité à produire en quantités suffisantes pour répondre à la demande croissante. Cela les empêche aussi de respecter certaines normes qualitatives nécessaires pour pouvoir exporter. En comparaison, les producteurs étrangers, qui bénéficient de subventions et de prêts à faible taux d'intérêt, ont une longueur d'avance et peuvent inonder nos marchés avec des produits à bas prix.

Pour surmonter ce défi, il est indispensable de mettre en place des mécanismes financiers adaptés aux réalités des producteurs locaux. Le gouvernement et les institutions financières doivent travailler ensemble pour créer des fonds spécifiques, accessibles aux producteurs, avec des taux d'intérêt attractifs et des garanties flexibles. Des coopératives de crédit et des institutions de microfinance peuvent également jouer un rôle crucial dans le financement des petites exploitations. "Un accès au financement est la clef pour libérer le potentiel de nos producteurs locaux", comme le disait l'économiste Amartya Sen [Sen, 2001].

Les perceptions négatives associées aux produits ivoiriens

Un autre défi important concerne les perceptions négatives que beaucoup de consommateurs ont vis-à-vis des produits locaux. Pendant trop longtemps, nous avons été bombardés de messages qui glorifiaient les produits importés au détriment de nos propres créations. Les campagnes publicitaires ont souvent présenté les produits étrangers comme étant de meilleure qualité, plus modernes, et plus fiables. Cette perception est tellement enracinée qu'elle influence les comportements d'achat, même lorsque les produits locaux sont supérieurs en qualité.

Je me souviens d'une conversation avec un ami qui préférait acheter un jus de fruits importé plutôt qu'un jus de fruits localement produit, alors même que la qualité et la fraîcheur du jus local étaient évidentes. Pour lui, le fait que le produit soit importé signifiait qu'il était "mieux". Cette mentalité est un obstacle majeur à la valorisation des produits locaux. Les consommateurs doivent être éduqués sur la qualité des produits ivoiriens et sur les avantages de leur consommation, non seulement pour leur santé, mais aussi pour l'économie du pays.

Pour changer cette perception, il est nécessaire de lancer des campagnes de sensibilisation qui mettent en avant la qualité, l'authenticité et la valeur des produits locaux. Les leaders d'opinion, influenceurs, artistes, et même les chefs cuisiniers peuvent jouer un rôle décisif dans cette transformation des mentalités. En mettant en avant des produits locaux dans leurs contenus, ils aident à déconstruire les préjugés et à créer une image positive des produits ivoiriens.

Le manque d'infrastructure et de moyens de transformation

Un autre obstacle majeur à la valorisation des produits locaux est le manque d'infrastructures de transformation. La majorité des produits agricoles ivoiriens sont vendus à l'état brut, sans ajout de valeur. Le cacao, par exemple, est essentiellement exporté sous forme de fèves, alors qu'une transformation locale en chocolat permettrait de créer de la valeur ajoutée, des emplois, et d'augmenter les revenus des producteurs. Le problème est que les infrastructures nécessaires pour la transformation sont souvent inexistantes ou sous-utilisées en raison du manque de financement et de compétences techniques.

Pour faire face à ce défi, il est indispensable d'investir dans des unités de transformation locales, que ce soit au niveau communautaire ou au niveau national. Des programmes de partenariat public-privé pourraient être mis en place pour financer la construction d'usines de transformation et former les jeunes à ces métiers. "La transformation locale est la clef pour créer de la valeur ajoutée et renforcer l'économie nationale", comme l'affirme l'économiste ivoirien Kouadio N'Dri [N'Dri, 2018].

Le défi de la distribution et de la logistique

Le dernier point que je souhaite aborder est le défi de la distribution et de la logistique. Les producteurs locaux, qu'ils soient dans des zones rurales ou urbaines, font face à des difficultés majeures pour acheminer leurs produits vers les marchés. Le réseau routier, particulièrement en dehors des grandes villes, est souvent dégradé, ce qui rend la distribution des produits plus coûteuse et difficile. Ce manque d'infrastructures de transport crée des pertes post-récoltes considérables et limite l'accès des consommateurs aux produits frais.

Pour relever ce défi, il est important de mettre en place des infrastructures de transport efficaces et d'améliorer le réseau routier, en particulier dans les zones rurales. De plus, encourager la création de coopératives de producteurs pourrait permettre de mutualiser les coûts de transport et de logistique, rendant ainsi les produits locaux plus accessibles et plus compétitifs sur le marché.

Ces défis sont réels, mais ils ne sont pas insurmontables. Avec une volonté collective, des politiques adaptées, et une sensibilisation accrue, nous pouvons surmonter ces obstacles et faire en sorte que nos produits locaux prennent la place qu'ils méritent. Chaque défi est une opportunité de créer de la valeur, de renforcer notre économie, et de construire une nation plus forte et plus autonome. J'invite chacun de vous, que vous soyez producteur, consommateur, entrepreneur, ou décideur politique, à réfléchir à la manière dont nous pouvons, ensemble, relever ces défis et faire briller les richesses de notre terroir ivoirien.

Chapitre 5
Encourager l'entrepreneuriat local

L'entrepreneuriat est souvent décrit comme le moteur du développement économique, et je crois fermement que c'est encore plus vrai lorsqu'il s'agit de valoriser les produits locaux. En Côte d'Ivoire, l'entrepreneuriat local a le potentiel de transformer notre économie, de donner une nouvelle dimension à nos produits du terroir, et de les amener bien au-delà de nos frontières. Pour que nos produits locaux puissent réellement s'imposer sur les marchés nationaux et internationaux, il est essentiel de créer un environnement favorable à l'émergence d'entrepreneurs audacieux, innovants et résilients. Dans ce chapitre, nous allons explorer les solutions pour encourager et soutenir l'entrepreneuriat local, en mettant un accent particulier sur les petites entreprises et les artisans ivoiriens.

L'entrepreneuriat comme catalyseur de la transformation locale

L'entrepreneuriat est avant tout une aventure humaine, faite de rêves, de défis et de réalisations. Chaque fois que je rencontre un jeune entrepreneur ivoirien qui a fait le pari de travailler avec des produits locaux, je suis inspiré par son courage et sa vision. Ces jeunes, souvent issus de milieux modestes, ont choisi de transformer le cacao en chocolat, de transformer le manioc en produits dérivés innovants, ou encore de redonner vie aux textiles traditionnels en les adaptant aux goûts modernes. C'est ça, l'essence de l'entrepreneuriat : trouver des solutions innovantes pour valoriser ce que l'on a et en faire quelque chose de grand.

Encourager l'entrepreneuriat local, c'est encourager la créativité, l'innovation et la prise de risque. Nos produits locaux, aussi riches et variés soient-ils, ont besoin d'être transformés, commercialisés et présentés de manière attrayante. Et cela ne peut se faire qu'avec des entrepreneurs passionnés qui connaissent les attentes des marchés et sont capables de transformer les contraintes en opportunités. Prenons l'exemple des jeunes de la coopérative agricole de Yamoussoukro, qui ont su développer une nouvelle ligne de produits à base de manioc transformé. Grâce à leur esprit d'initiative, ils ont réussi à attirer l'attention des supermarchés locaux, et leurs produits sont aujourd'hui vendus dans plusieurs régions du pays.

Les défis de l'entrepreneuriat local : financement et accès aux ressources

L'un des principaux obstacles auxquels sont confrontés les entrepreneurs locaux est le manque de financement. Beaucoup de ceux qui souhaitent se lancer dans la transformation des produits locaux n'ont pas accès aux fonds nécessaires pour concrétiser leurs idées. Les banques et les institutions financières considèrent souvent les petites entreprises comme des investissements à risque élevé. Cela les empêche d'accéder aux prêts qui leur permettraient d'acheter du matériel, de louer un espace de production, ou simplement de développer leurs activités.

Je me souviens d'un jeune homme nommé Koffi que j'ai rencontré à Abidjan. Il était passionné par la transformation du cacao et souhaitait lancer sa propre marque de chocolat local. Malheureusement, sans capital de départ, il était impossible pour lui de s'approvisionner en matériel nécessaire à la production. C'est un scénario bien trop répandu en Côte d'Ivoire, et cela montre à quel point il est important de trouver des solutions de financement adaptées aux réalités des petits entrepreneurs.

Pour encourager l'entrepreneuriat local, des initiatives de financement doivent être mises en place. Les gouvernements locaux, les banques et les organisations internationales peuvent créer des fonds spéciaux dédiés aux petites entreprises qui transforment des produits locaux. Des subventions, des prêts à taux réduits, des programmes de microcrédit, et même des partenariats public-privé pourraient aider ces entrepreneurs à avoir accès aux ressources dont ils ont besoin. Comme l'a dit Muhammad Yunus, pionnier de la microfinance : "Donnez une chance aux pauvres d'être entrepreneurs, et ils vous prouveront qu'ils sont capables de miracles" [Yunus, 2008]. C'est dans cet esprit que nous devons agir.

Le mentorat : un outil puissant pour la réussite des entrepreneurs

Le financement est essentiel, mais il ne suffit pas à garantir la réussite des entrepreneurs locaux. Pour que ces petites entreprises prospèrent, elles ont également besoin d'accompagnement. C'est là que le mentorat entre en jeu. Un mentor est quelqu'un qui a de l'expérience, qui a traversé les épreuves de l'entrepreneuriat et qui est prêt à partager son savoir et ses conseils. Le mentorat est un outil puissant qui peut aider un jeune entrepreneur à éviter les erreurs courantes et à prendre des décisions éclairées, comme savoir quand investir dans de nouveaux équipements ou comment négocier des partenariats stratégiques. Par exemple, j'ai accompagné une jeune entrepreneure nommée Awa, qui voulait lancer une ligne de jus de fruits naturels.

Grâce aux conseils de son mentor, elle a su développer un plan marketing efficace et trouver des distributeurs locaux, ce qui a considérablement boosté ses ventes.

Chapitre 6
Le rôle des leaders d'opinion dans la promotion locale

Dans le monde d'aujourd'hui, les influenceurs, artistes et leaders communautaires ont une influence incommensurable sur les mentalités et les comportements de consommation. Ces leaders d'opinion peuvent jouer un rôle clé dans la valorisation des produits ivoiriens et redonner à notre pays la fierté de ce qui est produit localement. Qu'il s'agisse d'artistes populaires, de leaders religieux, de chefs communautaires ou même d'influenceurs sur les réseaux sociaux, leur voix résonne au-delà des frontières de leurs communautés respectives et peut inspirer des millions de personnes. Mais comment ces leaders peuvent-ils sensibiliser, éduquer et encourager les populations à privilégier les produits locaux ? Ce chapitre vise à répondre à cette question en explorant les différentes façons dont les leaders d'opinion peuvent influencer positivement la consommation locale.

Le pouvoir de la visibilité et de la représentation positive

Les produits locaux ont besoin de visibilité. Trop souvent, ils sont relégués à l'arrière-plan, cachés derrière des produits importés qui semblent jouir d'une meilleure image. Ici, les leaders d'opinion jouent un rôle crucial. Par leur présence médiatique, leur influence sur les réseaux sociaux et leur participation aux événements communautaires, ils peuvent donner une visibilité considérable aux produits locaux. Imaginez un artiste de renom portant un vêtement fabriqué localement lors d'un grand concert, ou un influenceur populaire partageant sa recette préférée à base d'attiéké avec des milliers de followers. Ces gestes, bien que symboliques, ont un impact énorme sur la perception collective.

J'ai vu des artistes comme Meiway ou A'Salfo utiliser leur influence pour promouvoir des produits ivoiriens, qu'il s'agisse de porter des pagnes tissés localement ou de soutenir des marques de boissons locales lors de leurs apparitions publiques. Ces exemples montrent comment des leaders d'opinion peuvent non seulement promouvoir des produits, mais aussi les normaliser dans l'imaginaire collectif. Leur rôle est de faire en sorte que les produits locaux ne soient pas seulement une alternative, mais la première option. "Lorsque nous voyons nos modèles utiliser nos produits, cela renforce notre fierté et nous incite à les consommer". C'est cette dynamique de représentation positive qui permet de transformer des habitudes de consommation.

La sensibilisation à travers les réseaux sociaux

Les réseaux sociaux sont devenus un outil puissant de communication, capable de toucher des milliers, voire des millions de personnes en un clic. Les influenceurs ivoiriens ont la capacité d'utiliser ces plateformes pour promouvoir nos produits locaux de manière authentique et créative. En créant du contenu attrayant, comme des vidéos de cuisine avec des ingrédients locaux, des tutoriels sur l'utilisation de nos textiles traditionnels, ou encore des interviews avec des artisans locaux, les influenceurs peuvent contribuer à éduquer les populations sur la richesse de notre terroir.

Prenons l'exemple d'une influenceuse culinaire qui décide de publier régulièrement des recettes ivoiriennes avec des produits locaux. Chaque vidéo devient non seulement une source d'inspiration pour ceux qui cherchent à cuisiner, mais également un moyen de mettre en valeur les producteurs locaux et de créer un engouement autour des ingrédients issus de notre pays. "Plus nous rendons le local attrayant, plus nous incitons les gens à l'adopter". Les influenceurs ont ainsi un pouvoir unique de rendre les produits locaux tendance, en leur donnant une visibilité qui rivalise avec celle des produits importés.

Les leaders communautaires comme vecteurs de changement

Les chefs communautaires et les leaders religieux ont toujours eu un rôle important dans la société ivoirienne. Leur parole est respectée et écoutée, et leur implication dans la valorisation des produits locaux peut avoir un impact considérable. En organisant des événements communautaires qui mettent en avant les produits du terroir, ou en encourageant les membres de la communauté à consommer local, ces leaders peuvent transformer des pratiques et des habitudes ancrées depuis des années.

Je me souviens d'une initiative menée par un chef de village dans la région de Korhogo, qui avait décidé de consacrer un jour de marché uniquement aux produits locaux. Cet événement a non seulement encouragé les habitants à acheter local, mais a également permis aux producteurs de tisser des liens plus solides avec leur communauté. Les leaders communautaires ont le pouvoir de créer des dynamiques de groupe favorables à la consommation locale, en faisant appel aux valeurs de solidarité, de soutien mutuel, et de fierté culturelle.

Artistes et créativité au service du local

Les artistes ont cette capacité unique de toucher les cœurs et les esprits à travers leur art. La musique, la peinture, la mode, le cinéma sont autant de vecteurs de communication qui peuvent être utilisés pour promouvoir nos produits locaux. Un chanteur qui parle du cacao ivoirien dans ses paroles, un styliste qui utilise uniquement des tissus locaux pour ses créations, ou un réalisateur qui met en scène la beauté de notre agriculture dans un film, contribuent tous à créer un imaginaire collectif valorisant ce qui est produit chez nous.

J'ai été particulièrement marqué par l'initiative d'un groupe de musiciens qui ont sorti un clip entièrement tourné sur des plantations de cacao en Côte d'Ivoire. Non seulement la chanson était un hommage aux cultivateurs, mais le clip montrait aussi la beauté de notre terroir et la richesse de nos ressources. Ce type de projet artistique permet de sensibiliser de manière subtile mais puissante, en touchant à la fois les émotions et la fierté des spectateurs. "La créativité est l'arme la plus puissante pour changer les perceptions".

Partenariats entre leaders d'opinion et producteurs locaux

Pour maximiser leur impact, les leaders d'opinion doivent également collaborer directement avec les producteurs locaux. Ces partenariats peuvent prendre de nombreuses formes : des influenceurs qui visitent des plantations et partagent leur expérience en ligne, des artistes qui participent à des campagnes de publicité pour des produits locaux, ou encore des chefs cuisiniers qui s'associent avec des agriculteurs pour créer des plats mettant en valeur des ingrédients locaux.

J'ai vu des collaborations extrêmement fructueuses entre des influenceurs et des coopératives agricoles. Par exemple, un influenceur bien connu a récemment collaboré avec une coopérative de producteurs de miel à Man, pour lancer une campagne en ligne qui mettait en avant la qualité et la pureté de leur miel. Le résultat a été impressionnant : en quelques semaines, les ventes de la coopérative ont doublé, et le miel a commencé à être distribué dans des supermarchés d'Abidjan. Ce type de partenariat est un exemple concret de la manière dont les leaders d'opinion peuvent apporter une valeur ajoutée tangible aux produits locaux.

L'éducation par l'exemple

Au-delà de la promotion pure et simple des produits, les leaders d'opinion ont aussi un rôle éducatif essentiel à jouer. Ils doivent montrer par l'exemple que consommer local est non seulement possible, mais également bénéfique pour tous. Cela passe par des gestes simples : montrer comment cuisiner un plat typiquement ivoirien avec des produits frais du marché local, expliquer pourquoi ils choisissent de porter des vêtements fabriqués en Côte d'Ivoire, ou encore partager leur expérience d'une visite chez un artisan local.

Les influenceurs ont la capacité d'inspirer les consommateurs par leurs actions et de montrer l'exemple en utilisant des produits locaux, renforçant ainsi la valeur et la visibilité de ces produits dans le quotidien de chacun. Par exemple, l'influenceur ivoirien Patrick a travaillé avec une coopérative de riziculteurs pour promouvoir le riz local sur ses réseaux sociaux, démontrant comment il l'intègre dans ses repas quotidiens. En quelques semaines, la demande pour ce riz a augmenté, prouvant l'impact direct que les leaders d'opinion peuvent avoir sur les habitudes de consommation.

Chapitre 7
Le rôle de l'éducation dans le changement des mentalités

L'éducation est l'un des leviers les plus puissants pour transformer une société. C'est elle qui forme les citoyens de demain, qui leur donne les outils pour construire une nation prospère et fière de son identité. Lorsque nous parlons de développer une culture de consommation locale en Côte d'Ivoire, il est crucial de reconnaître le rôle fondamental que l'éducation peut jouer dans ce processus. Il ne suffit pas de dire aux gens d'acheter local ; il faut les éduquer, leur montrer pourquoi c'est important, et surtout leur faire comprendre les répercussions positives que cela peut avoir sur l'économie, la culture et la cohésion sociale de notre pays. Ce chapitre se concentre sur les différentes stratégies éducatives que nous pourrions mettre en place pour inciter les jeunes générations à valoriser les produits locaux et à intégrer cette pratique dans leur quotidien.

L'intégration des produits locaux dans les programmes scolaires

Pour changer les mentalités, il est essentiel de commencer dès le plus jeune âge. Les écoles représentent le lieu idéal pour inculquer des valeurs durables et pérennes. Intégrer des cours sur l'importance des produits locaux dans les programmes scolaires est une première étape incontournable. Je ne parle pas seulement de cours théoriques, mais aussi d'activités pratiques qui permettent aux enfants de comprendre la valeur de ce qui est produit localement.

Imaginez des enfants qui, lors d'une sortie scolaire, visitent une plantation de cacao dans la région d'Aboisso. Ils ont l'occasion de voir comment le cacao est cultivé, de parler aux agriculteurs, et de découvrir tout le travail que cela représente avant de devenir du chocolat. Une telle expérience laisse une marque indélébile dans l'esprit des jeunes. Elle leur montre que derrière chaque produit local se cache une histoire, une communauté, un savoir-faire. Ces sorties peuvent être accompagnées de cours sur les différents produits de la Côte d'Ivoire, sur leur histoire, leur utilité, et leur impact sur la vie des populations locales.

Il est également crucial que les enseignants eux-mêmes soient formés à cette mission. Des ateliers et des formations peuvent être mis en place pour leur permettre de mieux comprendre l'importance de la consommation locale et de transmettre ces valeurs de manière efficace et passionnée. Comme le disait Nelson Mandela, "L'éducation est l'arme la plus puissante pour changer le monde" [Mandela, 2003]. C'est une arme que nous devons utiliser pour promouvoir une consommation responsable et locale.

La mise en place de jardins scolaires et de projets agricoles

Une autre stratégie consiste à créer des jardins scolaires. Imaginez chaque école de Côte d'Ivoire avec son propre petit jardin où les élèves apprennent à cultiver des légumes, des fruits, et des herbes locales. Non seulement cela leur permet d'apprendre les bases de l'agriculture, mais cela leur inculque également le respect du travail de la terre. Ils voient grandir les plantes, comprennent l'importance de la saisonnalité et de la biodiversité, et développent une connexion profonde avec la nature.

Ces jardins scolaires peuvent devenir des espaces d'apprentissage incroyables. Les élèves peuvent par exemple apprendre à préparer des plats à partir des légumes qu'ils ont eux-mêmes cultivés. Ils découvrent alors la richesse de la cuisine ivoirienne, en utilisant des ingrédients locaux. En faisant cela, ils deviennent de véritables ambassadeurs des produits locaux, des enfants fiers de ce qu'ils ont produit et prêts à partager cette fierté avec leur famille.

Les projets agricoles scolaires peuvent également inclure des coopérations avec des agriculteurs locaux. En collaborant avec des producteurs, les écoles peuvent organiser des ateliers où les enfants découvrent des techniques agricoles adaptées aux réalités de la Côte d'Ivoire. Ces interactions permettent aux élèves de se rendre compte de l'importance du travail des agriculteurs, et de comprendre que leur avenir dépend aussi de la prospérité de ces travailleurs de la terre.

L'importance des campagnes de sensibilisation dans les écoles et universités

Pour créer un véritable changement de mentalité, il faut que les jeunes soient sensibilisés de manière régulière. Les campagnes de sensibilisation dans les écoles et les universités sont une excellente manière de rappeler l'importance de consommer local. Des conférences, des journées thématiques, des concours et des événements culturels peuvent être organisés pour mettre en avant les produits locaux et leurs avantages.

Par exemple, une journée consacrée à la cuisine locale pourrait être organisée dans chaque école. Les élèves et les enseignants apporteraient des plats préparés avec des produits locaux, et un concours serait organisé pour récompenser les meilleures recettes. De cette manière, les enfants associent la consommation locale à des moments de partage, de plaisir, et de célébration. Donner aux jeunes la possibilité de vivre ces expériences est le meilleur moyen de changer durablement leurs habitudes.

L'utilisation des médias éducatifs et numériques

L'éducation ne se limite pas aux salles de classe. Dans un monde de plus en plus connecté, les médias éducatifs et numériques peuvent jouer un rôle crucial dans la promotion de la consommation locale. Créer des vidéos éducatives, des documentaires, ou même des animations sur la richesse des produits ivoiriens et les avantages de leur consommation peut avoir un impact considérable. Ces contenus peuvent être diffusés à la télévision, sur internet, ou même dans les écoles, pour toucher un large public.

Les réseaux sociaux peuvent également être mis à contribution. Les jeunes passent beaucoup de temps sur leurs téléphones, et c'est donc un espace privilégié pour les sensibiliser. Des campagnes sur les réseaux sociaux, menées par des influenceurs populaires auprès des jeunes, peuvent encourager ces derniers à consommer local et à en être fiers. "Faire de la consommation locale une tendance parmi les jeunes est un moyen puissant de garantir son adoption future".

Encourager la consommation locale à la maison

L'école a un rôle central à jouer, mais il ne faut pas oublier que l'éducation commence à la maison. Les parents ont un rôle clé dans la formation des habitudes de leurs enfants. Pour que l'éducation à la consommation locale soit efficace, il est essentiel d'impliquer les parents dans ce processus.

Les écoles peuvent organiser des ateliers ou des réunions avec les parents pour les informer sur l'importance des produits locaux et les inciter à adopter ces pratiques chez eux.

Imaginez des ateliers parents-enfants où ils apprennent ensemble à cuisiner des plats traditionnels ivoiriens avec des produits frais du marché local. Ces activités renforcent non seulement les liens familiaux, mais elles permettent également aux enfants de voir leurs parents comme des modèles de consommation responsable. "L'éducation à la maison est le premier pas vers une société qui valorise ses ressources locales".

L'éducation est, sans aucun doute, le fondement de tout changement durable. Si nous voulons que les générations futures valorisent les produits locaux, nous devons commencer dès maintenant, en utilisant toutes les ressources éducatives à notre disposition. Les écoles, les enseignants, les parents, et même les médias ont un rôle crucial à jouer pour inculquer une véritable culture de la consommation locale. Nous devons inspirer nos jeunes, leur montrer la beauté de ce qui est produit ici, et leur donner les outils pour devenir des ambassadeurs fiers et responsables des richesses ivoiriennes.

Chapitre 8
Politiques publiques pour soutenir les produits locaux

Pour transformer la consommation locale en un véritable levier de développement économique et social en Côte d'Ivoire, les politiques publiques doivent jouer un rôle prépondérant. Le gouvernement ivoirien a un pouvoir considérable pour infléchir les comportements, inciter à la production locale, et rendre nos produits compétitifs sur le marché mondial. Ce chapitre explore les différentes mesures que l'État pourrait adopter pour soutenir cette dynamique, notamment les subventions, les allègements fiscaux, et les campagnes de sensibilisation. Ces politiques doivent non seulement encourager la production, mais aussi renforcer la demande pour les produits locaux afin de créer une véritable culture de consommation nationale.

Subventions pour renforcer la production locale

Pour soutenir les producteurs locaux, il est indispensable de mettre en place un système de subventions. Les subventions permettent de réduire les coûts de production, rendant ainsi les produits locaux plus accessibles et compétitifs. De nombreux pays ont réussi à protéger leurs producteurs en subventionnant les matières premières ou en offrant des aides directes aux agriculteurs et artisans. En Côte d'Ivoire, il serait judicieux d'implémenter un système de subventions qui cible les secteurs clés de notre économie locale, tels que l'agriculture, l'artisanat, et la transformation des produits agricoles.

Imaginez un cultivateur de manioc qui bénéficie d'une subvention pour l'achat de semences et d'engrais. Cette aide lui permet de produire plus et d'améliorer la qualité de ses produits, ce qui le rend capable de concurrencer les produits importés. Les subventions doivent également inclure des aides pour l'acquisition de machines agricoles modernes, qui peuvent considérablement améliorer la productivité des agriculteurs et réduire les pertes post-récoltes. Le cacao, produit phare de la Côte d'Ivoire, pourrait également bénéficier de subventions pour encourager la transformation locale. En soutenant la transformation, nous ajoutons de la valeur à nos produits avant même qu'ils ne quittent le pays.

Une politique de subvention efficace doit être équitable et viser les petits producteurs, qui ont souvent du mal à accéder au crédit bancaire. Ces subventions doivent également être accompagnées de programmes de formation et de suivi technique, pour s'assurer que les agriculteurs utilisent au mieux les ressources mises à leur disposition. "Soutenir nos producteurs locaux, c'est investir dans l'avenir de notre nation", car une économie solide commence par une base agricole et artisanale robuste.

Allègements fiscaux pour encourager les entreprises locales

Outre les subventions, les allègements fiscaux constituent un autre moyen important pour encourager les entreprises qui travaillent avec des produits locaux. En Côte d'Ivoire, de nombreuses petites entreprises peinent à se développer à cause des charges fiscales élevées. En offrant des réductions fiscales aux entreprises qui transforment des matières premières locales ou qui emploient une main-d'œuvre locale, le gouvernement pourrait considérablement stimuler l'entrepreneuriat dans ce secteur.

Par exemple, une entreprise qui transforme des noix de cajou produites localement pourrait bénéficier d'une exonération d'impôts pendant les cinq premières années de son activité. Cette mesure permettrait à l'entreprise de réinvestir ses bénéfices dans son développement, de créer de nouveaux emplois, et de soutenir indirectement les producteurs de noix. De même, des allègements fiscaux pourraient être accordés aux entreprises de textile qui s'engagent à utiliser uniquement du coton ivoirien. Cela encouragerait la production locale et aiderait à revitaliser un secteur qui souffre de la concurrence des importations à bas prix.

L'objectif des allègements fiscaux est de créer un environnement où les entreprises locales ont plus de chances de prospérer, malgré la concurrence étrangère. Ces mesures fiscales doivent être conçues pour être facilement accessibles, avec des démarches administratives simplifiées. Cela permettra de garantir que même les plus petites entreprises puissent en bénéficier sans être freinées par des barrières bureaucratiques. "Un climat fiscal favorable est une condition essentielle pour encourager les investissements locaux".

Campagnes de sensibilisation pour stimuler la demande locale

Le soutien à la production locale ne suffit pas si la demande pour ces produits reste faible. Pour développer une culture de consommation locale, il est crucial d'organiser des campagnes de sensibilisation à grande échelle. Le gouvernement, en partenariat avec des organisations de la société civile et des acteurs privés, pourrait mener des campagnes pour éduquer la population sur les bienfaits des produits locaux, que ce soit au niveau de la qualité, du soutien à l'économie, ou de la préservation de l'identité culturelle.

Ces campagnes pourraient prendre diverses formes : publicités à la télévision et à la radio, publications sur les réseaux sociaux, panneaux publicitaires, événements culturels mettant en avant les produits locaux, etc. Un exemple concret serait de créer une série de vidéos mettant en avant le parcours de producteurs locaux, de la culture des produits à leur commercialisation. Ces vidéos pourraient montrer les visages des agriculteurs, leurs efforts quotidiens, et l'impact positif qu'a l'achat de leurs produits sur leur vie. "Acheter local, c'est investir dans nos communautés" pourrait être le slogan phare de cette campagne.

Il est aussi possible d'organiser des marchés dédiés exclusivement aux produits locaux dans les grandes villes du pays, où les producteurs et les artisans peuvent venir exposer leurs produits. Ces événements ne sont pas seulement des lieux de vente, mais également des moments de rencontre et de découverte, où les consommateurs peuvent échanger directement avec ceux qui fabriquent ce qu'ils achètent. Ces initiatives créent un lien émotionnel entre le producteur et le consommateur, renforçant ainsi l'engagement des populations envers les produits locaux.

Des politiques pour encourager la transformation locale

La transformation des matières premières est une étape essentielle pour ajouter de la valeur aux produits ivoiriens avant leur commercialisation. Trop souvent, nous exportons nos ressources à l'état brut, laissant à d'autres pays le soin de les transformer et de les revendre à des prix beaucoup plus élevés. Pour changer cela, des politiques publiques doivent être mises en place pour encourager la transformation locale. Cela peut passer par des subventions aux unités de transformation, des formations spécialisées pour les jeunes souhaitant se lancer dans ce secteur, ou encore par des partenariats entre le public et le privé pour créer des infrastructures adaptées.

Par exemple, dans le secteur du cacao, le gouvernement pourrait encourager la création de petites unités de transformation locales qui produiraient du chocolat ivoirien. Ces unités pourraient être gérées par des coopératives d'agriculteurs, bénéficiant ainsi directement aux producteurs. En transformant le cacao sur place, nous ajoutons de la valeur, créons des emplois, et pouvons proposer un produit fini qui reflète notre savoir-faire et notre identité.

Accès à la facilité aux marchés publics

Un autre levier important pour soutenir les produits locaux est de faciliter leur accès aux marchés publics. Le gouvernement ivoirien peut adopter des politiques qui favorisent l'achat de produits locaux par les administrations et les institutions publiques. Par exemple, les cantines scolaires, les hôpitaux, les centres de formation, et même les forces armées pourraient être encouragés, voire obligés, à s'approvisionner en produits locaux pour leurs besoins alimentaires.

En favorisant les produits locaux dans les marchés publics, on crée une demande importante et régulière, ce qui donne de la stabilité aux producteurs. De plus, cela montre l'exemple à la population et donne un signal fort de l'engagement de l'État envers la consommation locale. Ce type de politique a été mis en œuvre avec succès dans des pays comme le Brésil, où le programme "PAA" (Programme d'Acquisition d'Aliments) a permis de renforcer la sécurité alimentaire tout en soutenant l'agriculture familiale.

Le rôle du gouvernement ivoirien est essentiel dans la valorisation des produits locaux. Par des subventions bien ciblées, des allègements fiscaux pour encourager les entreprises locales, des campagnes de sensibilisation massives, et des politiques favorisant la transformation et l'accès aux marchés publics, l'État peut créer un environnement propice à l'épanouissement de notre économie locale. Les politiques publiques ne doivent pas seulement encourager la production, mais aussi promouvoir une culture de consommation locale, fière et responsable, qui valorise les richesses de notre terroir.

Chapitre 9
Les marchés locaux : une plateforme incontournable

Les marchés locaux sont plus que de simples lieux d'échange. Ils sont le cœur battant de nos communautés, un espace de vie, de partage et de découverte. En Côte d'Ivoire, les marchés locaux ne sont pas seulement des endroits où l'on vient acheter des produits frais, mais ils sont également un carrefour d'interactions sociales, un lieu où se tissent des relations, où se transmet la culture, et où se forge une identité commune. Pourtant, malgré leur importance, les marchés locaux ne reçoivent souvent pas l'attention et les ressources nécessaires pour jouer pleinement leur rôle dans la valorisation des produits ivoiriens. Dans ce chapitre, je souhaite mettre en lumière leur importance cruciale pour la distribution des produits locaux, et proposer des moyens concrets d'améliorer leur visibilité et leur accessibilité.

Les marchés locaux : une vitrine de la diversité ivoirienne

Lorsque je parle des marchés locaux, je ne peux m'empêcher de penser à la richesse incroyable qu'ils représentent. Que ce soit le marché de Treichville à Abidjan, celui de Gagnoa, ou encore le marché de Daloa, chaque marché est une véritable vitrine de la diversité culturelle et économique de notre pays. On y trouve des produits frais, des épices, des textiles, des objets artisanaux — tout ce qui incarne la richesse de notre terroir. Les marchés locaux sont le reflet de la Côte d'Ivoire dans toute sa diversité et son authenticité.

Cependant, cette richesse reste souvent sous-exploitée. Beaucoup de ces produits, d'une qualité exceptionnelle, ne parviennent pas à obtenir la visibilité qu'ils méritent. La concurrence des supermarchés modernes et des produits importés est rude, et cela se fait souvent au détriment des produits locaux. C'est pourquoi il est nécessaire de revoir la manière dont nous considérons et utilisons nos marchés. Nous devons les renforcer, les moderniser tout en préservant leur authenticité, et surtout en faire des lieux incontournables pour quiconque souhaite consommer de manière responsable et valoriser les richesses de notre pays.

Améliorer l'infrastructure des marchés locaux

L'une des premières actions à mener pour valoriser les marchés locaux est l'amélioration de leurs infrastructures. Beaucoup de nos marchés sont en mauvais état, mal entretenus, et manquent de commodités de base, ce qui limite leur potentiel et décourage certains consommateurs. Il est impératif que les autorités locales investissent dans la rénovation des marchés, en fournissant des installations modernes, propres et sécurisées. Cela inclut des espaces de vente bien aménagés, des systèmes de gestion des déchets efficaces, et des installations sanitaires dignes de ce nom.

Des infrastructures modernes rendent le marché plus attrayant non seulement pour les consommateurs, mais aussi pour les commerçants. Un marché bien entretenu attire davantage de clients, ce qui profite à tous les acteurs. Je pense notamment aux artisans et aux agriculteurs, qui pourraient disposer de stands dédiés et bien aménagés pour exposer leurs produits dans les meilleures conditions. Cela contribue à créer une expérience d'achat agréable et, par conséquent, à encourager davantage de consommateurs à préférer les marchés locaux aux supermarchés.

Renforcer la visibilité des produits locaux

Pour que les produits locaux puissent rivaliser avec les produits importés, il est essentiel de renforcer leur visibilité. Cela passe par des actions concrètes pour mettre en avant ces produits dans les marchés locaux. Par exemple, des stands spécialement dédiés aux produits locaux peuvent être créés, où les consommateurs savent qu'ils trouveront uniquement des produits issus du terroir ivoirien. Ces stands peuvent être accompagnés de panneaux explicatifs, mettant en avant l'histoire des produits, leurs bienfaits, et les communautés qui les produisent.

En outre, des événements spéciaux peuvent être organisés pour promouvoir les produits locaux. Imaginez un marché où, chaque semaine, un produit différent est mis en avant. Un jour, ce sera l'attiéké ; un autre jour, ce sera le miel de la région de Man. Ces événements créent une dynamique, incitent les consommateurs à découvrir de nouveaux produits, et à comprendre la valeur ajoutée de consommer local. "Chaque produit a une histoire, et chaque marché est un lieu pour raconter cette histoire".

Rendre les marchés accessibles à tous

La question de l'accessibilité est cruciale pour faire des marchés locaux une véritable plateforme de distribution des produits ivoiriens. Trop souvent, les marchés sont mal situés, difficiles d'accès, ou encore ne disposent pas des infrastructures nécessaires pour accueillir un grand nombre de visiteurs. Les autorités doivent travailler à améliorer l'accessibilité des marchés, en développant les routes qui y mènent, en aménageant des parkings pour les véhicules, et en facilitant l'accès par les transports en commun.

Je me souviens d'un marché dans la région de Bouaké, dont l'accès était presque impossible pendant la saison des pluies à cause des routes boueuses et impraticables. Cela décourageait de nombreux consommateurs et rendait la tâche des commerçants encore plus ardue. Une telle situation doit être résolue par une meilleure planification urbaine et des investissements dans les infrastructures. Rendre les marchés accessibles, c'est permettre à un plus grand nombre de personnes de découvrir les produits locaux et de s'engager dans une consommation responsable.

Digitalisation des marchés locaux : une opportunité à saisir

Dans le monde moderne, la digitalisation est un outil incontournable pour améliorer la visibilité et l'accessibilité des produits locaux. Les marchés ivoiriens pourraient bénéficier grandement de la création de plateformes numériques permettant aux consommateurs de découvrir les produits des marchés locaux en ligne. Imaginez une application où chaque producteur peut exposer ses produits, où l'on peut voir les promotions disponibles dans les marchés, ou même passer commande en ligne pour récupérer ses achats directement au marché.

La digitalisation des marchés locaux offre également l'opportunité de toucher un public plus jeune, qui est habitué à utiliser des technologies modernes pour faire ses achats. En mettant les produits locaux à portée de clic, nous les rendons plus attrayants et plus accessibles à une nouvelle génération de consommateurs. C'est aussi un moyen d'assurer une certaine transparence sur les prix, de renforcer la confiance des consommateurs, et de créer un lien direct entre les producteurs et les acheteurs.

L'importance des associations de commerçants

Pour réussir à valoriser pleinement les marchés locaux, il est crucial de renforcer les associations de commerçants. Ces associations jouent un rôle important dans la gestion des marchés, la coordination des activités et la défense des intérêts des commerçants. Elles peuvent également servir de relais pour organiser des événements, des campagnes de sensibilisation, et des initiatives pour promouvoir les produits locaux.

Des associations bien organisées sont capables de mobiliser les commerçants pour améliorer la qualité de leurs services, garantir la propreté des lieux, et mettre en place des stratégies communes pour attirer plus de clients. Elles peuvent également travailler en partenariat avec les autorités locales pour développer des projets d'amélioration des infrastructures et de modernisation des marchés.

Créer des liens avec les circuits touristiques

Les marchés locaux ne sont pas seulement des lieux de commerce, ils sont aussi des lieux culturels qui attirent les touristes. Pour améliorer leur visibilité, il est important de créer des liens entre les marchés locaux et les circuits touristiques. Les marchés peuvent devenir des étapes incontournables des visites guidées, permettant aux touristes de découvrir la richesse des produits ivoiriens, d'acheter des souvenirs artisanaux, et de goûter à la gastronomie locale.

Je pense aux marchés comme celui de Grand-Bassam, qui est déjà une destination prisée par les touristes, mais qui pourrait être encore plus mis en valeur. En travaillant avec les agences de voyage et les guides touristiques, il est possible de développer des offres spéciales qui incluent des visites de marchés, des ateliers de découverte de produits locaux, et des démonstrations culinaires. Cela permet non seulement de générer des revenus pour les commerçants, mais aussi de promouvoir les produits locaux au-delà des frontières ivoiriennes.

Les marchés locaux sont une véritable richesse pour la Côte d'Ivoire. Ils sont au cœur de la distribution des produits locaux, mais pour qu'ils puissent jouer pleinement leur rôle, des améliorations sont nécessaires. En investissant dans des infrastructures modernes, en rendant les marchés accessibles, en renforçant la visibilité des produits locaux, et en utilisant les nouvelles technologies, nous pouvons transformer nos marchés en plateformes incontournables de valorisation de nos produits. C'est en redonnant vie à nos marchés que nous pourrons véritablement promouvoir une consommation locale et responsable, et ainsi soutenir le développement de notre économie nationale.

Chapitre 10
Réseautage et innovation dans les secteurs locaux

Le monde des affaires moderne évolue à une vitesse vertigineuse. Pour que les entreprises locales ivoiriennes puissent prospérer et s'imposer sur les marchés nationaux et internationaux, elles doivent être capables de se moderniser, d'innover et de créer des réseaux solides. Le réseautage et l'innovation sont deux leviers essentiels pour permettre à nos entreprises locales de renforcer leur compétitivité. Dans ce chapitre, je souhaite aborder l'importance des nouvelles technologies et des réseaux d'affaires, et expliquer comment ces outils peuvent aider à moderniser nos entreprises locales et les propulser vers une plus grande réussite.

Le rôle des nouvelles technologies dans la modernisation des entreprises locales

Les nouvelles technologies ne sont plus un luxe ; elles sont devenues une nécessité pour la compétitivité des entreprises. En Côte d'Ivoire, il est crucial que les petites et moyennes entreprises (PME) aient accès aux technologies modernes pour accroître leur efficacité, leur productivité et leur portée. Prenons par exemple la digitalisation des opérations commerciales. Grâce à la mise en place de systèmes de gestion informatisés, une entreprise peut suivre ses ventes, gérer ses stocks et améliorer la relation avec ses clients de manière plus efficace.

Je pense ici à de nombreuses entreprises ivoiriennes qui ont commencé à utiliser des plateformes en ligne pour vendre leurs produits. La présence en ligne est aujourd'hui indispensable pour toucher un public plus large. Imaginez une coopérative de producteurs de cacao dans la région de Gagnoa qui, grâce à une plateforme de commerce en ligne, peut vendre directement son cacao aux chocolatiers européens sans passer par des intermédiaires. Cela permet non seulement de réduire les coûts, mais également de maximiser les profits pour les producteurs. "La technologie est un pont qui connecte les producteurs aux marchés, sans frontières ni limites".

En outre, les nouvelles technologies peuvent aider les producteurs locaux à améliorer la qualité de leurs produits. Les outils modernes de suivi agricole, comme les applications mobiles qui fournissent des informations sur les meilleures pratiques de culture, ou les systèmes de surveillance des conditions climatiques, peuvent aider les agriculteurs à augmenter leurs rendements et à garantir la qualité des récoltes. Ces innovations permettent aux producteurs de devenir plus résilients face aux défis climatiques et d'assurer une production durable et de haute qualité.

Le réseautage : un pilier pour la croissance des entreprises locales

Le réseautage est un autre levier fondamental pour le développement des entreprises locales. En tant qu'entrepreneurs, nous devons comprendre qu'il est essentiel de créer des connexions avec d'autres acteurs du marché, que ce soit au niveau local, national ou international. Ces réseaux peuvent être des sources précieuses de soutien, d'opportunités d'affaires et de partage de connaissances. En établissant des relations avec des partenaires commerciaux, des clients potentiels, des mentors ou même des concurrents, les entreprises peuvent accéder à de nouvelles ressources et à de nouveaux marchés.

En Côte d'Ivoire, des initiatives telles que les salons professionnels, les foires agricoles, et les forums d'affaires jouent un rôle crucial pour favoriser le réseautage. Par exemple, le Salon International de l'Agriculture et des Ressources Animales (SARA) est un événement majeur qui permet aux producteurs locaux d'entrer en contact avec des acheteurs potentiels, des distributeurs, et même des investisseurs étrangers. De tels événements permettent aux entrepreneurs de sortir de leur isolement et de se positionner sur des marchés plus importants.

Je me souviens d'un jeune entrepreneur du secteur de la transformation du manioc que j'ai rencontré lors d'une foire à Abidjan. Grâce aux contacts qu'il a noués pendant cet événement, il a pu conclure un partenariat avec une chaîne de supermarchés locale, ce qui lui a permis d'étendre sa production et de distribuer ses produits dans tout le pays. "Le succès en affaires ne se construit pas seul ; il est le fruit d'un réseau solide".

L'innovation par le partenariat et la coopération

L'innovation ne se produit pas toujours dans l'isolement. Bien souvent, elle résulte de la coopération entre différentes entreprises, institutions ou même gouvernements. En Côte d'Ivoire, il est essentiel de promouvoir des partenariats entre les acteurs locaux, les universités, et les centres de recherche pour encourager l'innovation. Les entreprises locales peuvent, par exemple, travailler avec des universités pour développer de nouvelles techniques de transformation des produits agricoles ou pour mettre au point des emballages innovants qui prolongent la durée de conservation des produits.

Les coopératives agricoles représentent également un formidable exemple de l'importance du partenariat pour innover. En regroupant leurs ressources, les petits producteurs peuvent se doter de technologies modernes qu'ils ne pourraient pas se permettre individuellement. Ils peuvent aussi partager leurs expériences et apprendre les uns des autres, ce qui renforce l'efficacité globale du secteur.

L'accès aux réseaux d'affaires internationaux

Pour que nos produits locaux puissent se faire une place sur les marchés internationaux, il est crucial d'intégrer les entreprises ivoiriennes dans des réseaux d'affaires internationaux. Les organisations régionales et internationales, telles que la Communauté économique des États de l'Afrique de l'Ouest (CEDEAO) ou l'Union africaine, offrent de nombreuses opportunités de réseautage. Participer à des salons internationaux, à des missions commerciales, ou à des événements de promotion à l'étranger permet aux entreprises locales de comprendre les exigences des marchés internationaux, d'adapter leurs produits et de tisser des relations d'affaires à l'échelle mondiale.

Un exemple marquant est celui des producteurs de karité de la région de Korhogo qui ont rejoint un réseau international d'exportateurs de karité. Grâce à ce réseau, ils ont pu mieux comprendre les normes de qualité requises sur les marchés européens et américains, et adapter leurs pratiques pour répondre à ces attentes. Cela leur a ouvert des débouchés importants et a permis de valoriser davantage leur production.

Conseils pratiques pour les entrepreneurs locaux

Pour les entrepreneurs locaux, il est essentiel de ne pas sous-estimer l'importance de l'innovation et du réseautage. Voici quelques conseils pratiques pour tirer le meilleur parti de ces deux leviers :

1. **Investir dans la technologie** : Même si les moyens sont limités, il existe aujourd'hui de nombreuses solutions technologiques abordables qui peuvent aider à améliorer la productivité. Par exemple, l'utilisation de plateformes de messagerie pour communiquer avec les clients, ou de réseaux sociaux pour promouvoir les produits, peut faire une grande différence.

2. **Participer activement aux événements sectoriels** : Qu'il s'agisse de foires agricoles, de salons professionnels ou de conférences, ces événements sont des occasions uniques de rencontrer d'autres acteurs du secteur, de se former aux nouvelles pratiques, et de se faire connaître. "Le réseautage est la clé qui ouvre les portes du succès".

3. **Chercher des partenaires locaux et internationaux** : Ne pas hésiter à chercher des partenariats avec d'autres entreprises ou des institutions. Parfois, une collaboration peut permettre d'accéder à des ressources inaccessibles seul et de se développer plus rapidement.

4. **Se former continuellement** : Les technologies évoluent, et il est essentiel de rester à jour. Participer à des formations en ligne, à des ateliers, ou encore suivre des webinaires peut permettre de rester compétitif et d'innover en permanence.

Le réseautage et l'innovation sont des piliers sur lesquels repose l'avenir de nos entreprises locales. En utilisant les nouvelles technologies, en créant des réseaux d'affaires solides, et en innovant sans cesse, les entreprises ivoiriennes peuvent renforcer leur compétitivité et s'imposer sur les marchés nationaux et internationaux. Ces deux leviers permettent de transformer les défis en opportunités et de faire des produits locaux un véritable moteur de développement pour la Côte d'Ivoire.

Chapitre 11
Le rôle de la diaspora ivoirienne

La diaspora ivoirienne est un réservoir inestimable de compétences, de ressources financières, et d'influence. Ces hommes et ces femmes, éparpillés aux quatre coins du globe, partagent tous un point commun : un lien profond avec leur pays d'origine, la Côte d'Ivoire. Cette connexion à la terre natale, même à des milliers de kilomètres de distance, peut être exploitée de manière positive pour promouvoir les produits locaux et contribuer au développement économique du pays. Dans ce chapitre, j'explorerai les stratégies possibles pour impliquer la diaspora ivoirienne dans la valorisation des produits locaux et les encourager à investir dans l'économie de leur patrie.

Le potentiel économique et culturel de la diaspora

La diaspora ivoirienne représente un immense potentiel économique. Les Ivoiriens établis à l'étranger envoient chaque année des sommes considérables à leurs familles restées au pays. Ces transferts de fonds, qui représentent une part importante des revenus de nombreux ménages, peuvent être orientés vers des investissements plus structurés et profitables pour l'économie nationale. Au-delà des envois d'argent, la diaspora peut également jouer un rôle crucial dans la promotion des produits locaux à l'étranger.

Par exemple, un Ivoirien vivant à Paris pourrait être un ambassadeur idéal pour les produits de sa région, tels que le cacao, l'attiéké ou les épices ivoiriennes. En se connectant avec des réseaux de distribution locaux, il peut contribuer à la présence des produits ivoiriens dans les épiceries ethniques et même dans les grandes surfaces.

La diaspora est également un vecteur important de la culture ivoirienne. Les événements organisés par la diaspora, tels que les festivals, les foires culturelles, et les expositions, sont autant d'opportunités pour présenter les produits locaux à un public international. Ces moments de célébration de la culture ivoirienne peuvent être l'occasion de mettre en valeur les produits locaux, tout en racontant leur histoire, leur origine, et l'importance qu'ils ont dans la vie quotidienne des Ivoiriens.

Stratégies pour impliquer la diaspora dans la promotion des produits locaux

1. **Création d'Associations et de Réseaux de Distribution** : La mise en place d'associations de la diaspora dédiées à la promotion des produits locaux est une stratégie qui pourrait être très efficace. Ces associations, formées par des Ivoiriens vivant à l'étranger, pourraient établir des liens avec des distributeurs et des épiceries dans leur pays d'accueil afin de garantir la disponibilité de produits ivoiriens de qualité. Par exemple, une association d'Ivoiriens en Allemagne pourrait collaborer avec des grossistes locaux pour s'assurer que les produits comme le beurre de karité, l'huile de palme, et le cacao ivoirien soient bien représentés sur les étals.

Ces associations peuvent également jouer un rôle important dans la mise en place de canaux de distribution alternatifs, tels que les ventes en ligne. En utilisant des plateformes numériques, elles peuvent vendre directement les produits ivoiriens aux consommateurs étrangers, contournant ainsi les obstacles liés à l'exportation et à la logistique.

2. **Incitations à l'Investissement dans des Entreprises Locales** : Pour encourager la diaspora à investir dans les produits locaux, il est essentiel de créer un environnement favorable à l'investissement. Cela pourrait passer par des allègements fiscaux, des facilités administratives, ou des partenariats public-privés qui visent à faciliter l'accès aux crédits et aux ressources. Le gouvernement ivoirien pourrait mettre en place un fonds spécial pour les membres de la diaspora souhaitant investir dans des projets locaux, notamment dans les secteurs de l'agriculture, de l'artisanat, et de la transformation des produits.

Des programmes de co-investissement peuvent également être créés, où les membres de la diaspora investissent conjointement avec l'État ou avec des organisations locales dans des projets stratégiques. Par exemple, un projet de coopérative pour la production et la transformation de noix de cajou pourrait bénéficier d'investissements de la diaspora, avec l'assurance que l'État garantit une partie du financement. Ces initiatives peuvent rassurer les investisseurs, en leur offrant une certaine sécurité tout en favorisant le développement local.

3. **Mobilisation de la Diaspora en tant qu'Ambassadeurs Culturels** : Les membres de la diaspora ivoirienne peuvent être d'excellents ambassadeurs de la culture et des produits locaux. Pour cela, il est nécessaire de les mobiliser et de les encourager à participer activement à des initiatives de promotion des produits du pays. Cela pourrait passer par l'organisation d'événements culinaires, de dégustations de produits locaux, ou encore de journées de la Côte d'Ivoire dans les villes où ils vivent.

Lors de ces événements, les participants peuvent découvrir et goûter des produits tels que le chocolat ivoirien, le gingembre, le piment ou l'attiéké. Ce type de promotion est particulièrement efficace car il repose sur l'expérience directe des produits, permettant aux consommateurs étrangers de découvrir les saveurs ivoiriennes et de les apprécier. En tant qu'ambassadeurs, les membres de la diaspora ont une légitimité naturelle à parler de ces produits et à partager leur passion.

Utilisation des nouvelles technologies pour connecter la diaspora et les producteurs locaux

Les nouvelles technologies offrent des outils précieux pour connecter la diaspora aux producteurs locaux. Des plateformes numériques peuvent être développées pour faciliter les échanges entre les deux groupes, permettant à la diaspora d'accéder directement aux producteurs et de soutenir leur activité. Ces plateformes peuvent inclure des options d'achat en ligne, des informations sur la traçabilité des produits, et même des outils de communication pour favoriser les échanges directs.

Un exemple pourrait être la création d'une application mobile qui permettrait aux membres de la diaspora de commander des produits locaux et de les recevoir directement chez eux. Cette application pourrait inclure des informations sur chaque produit, telles que son origine, son mode de production, et l'histoire du producteur. Cela contribuerait non seulement à renforcer les liens économiques, mais également à créer une connexion émotionnelle avec les produits.

De plus, la blockchain pourrait être utilisée pour garantir la traçabilité et la transparence des produits. Les consommateurs étrangers, en particulier dans les pays occidentaux, sont de plus en plus sensibles aux questions de traçabilité et de durabilité. En utilisant la blockchain, les producteurs locaux pourraient garantir que leurs produits respectent les normes internationales et rassurer les membres de la diaspora sur la qualité des produits qu'ils achètent.

Créer un label "Diaspora" pour promouvoir l'investissement

Pour encourager davantage la diaspora à investir dans les produits locaux, il serait judicieux de créer un label "Diaspora". Ce label pourrait être apposé sur les produits ou les projets qui ont bénéficié d'un soutien financier ou logistique de la diaspora. Cela permettrait non seulement de valoriser l'engagement de la diaspora, mais également de créer un sentiment de fierté et d'appartenance.

Imaginez un chocolat fabriqué en Côte d'Ivoire, portant le label "Soutenu par la Diaspora ivoirienne". Ce label pourrait inciter les membres de la diaspora à préférer ce produit à d'autres, en sachant qu'ils contribuent directement au développement de leur pays d'origine. Ce sentiment de contribution est un puissant moteur pour inciter l'engagement, car il permet à chacun de jouer un rôle dans le progrès de sa communauté.

Conseils pour les membres de la diaspora souhaitant investir

Pour les membres de la diaspora qui souhaitent investir dans les produits locaux, voici quelques conseils pratiques :

1. **Se renseigner sur les opportunités locales** : Avant d'investir, il est important de bien se renseigner sur les opportunités existantes. Il existe

de nombreuses coopératives et entreprises locales qui cherchent des partenaires. Prenez le temps de visiter ces structures, de rencontrer les acteurs locaux et de comprendre leurs besoins.

2. **Utiliser les services de conseil disponibles** : De nombreuses organisations offrent des services de conseil et d'accompagnement pour les investisseurs de la diaspora. N'hésitez pas à faire appel à ces structures pour éviter les erreurs coûteuses et pour bénéficier de leur expertise.
3. **Commencer petit et grandir progressivement** : Il est souvent préférable de commencer par de petits investissements, surtout si vous n'avez pas encore une grande expérience dans le secteur. Cela permet de minimiser les risques et de se familiariser avec le contexte local avant de s'engager dans des projets de plus grande envergure.
4. **Collaborer avec d'autres membres de la diaspora** : Ne restez pas seul. En collaborant avec d'autres membres de la diaspora, vous pouvez partager les risques, combiner vos ressources et augmenter vos chances de succès. Ensemble, vous êtes plus forts et plus à même de relever les défis que représentent les investissements en Côte d'Ivoire.

La diaspora ivoirienne est un acteur indispensable pour promouvoir les produits locaux à l'étranger et soutenir le développement économique de la Côte d'Ivoire. En mobilisant ses ressources financières, son savoir-faire, et son réseau d'influence, elle peut jouer un rôle décisif dans la mise en valeur des produits de son pays d'origine. Il est donc primordial de créer des conditions favorables à son engagement, en facilitant l'investissement, en offrant des incitations et en utilisant les nouvelles technologies pour renforcer les liens entre la diaspora et les producteurs locaux. Ensemble, nous pouvons faire de l'artisanat et des produits locaux ivoiriens des symboles de fierté nationale, tant au niveau local qu'international.

Chapitre 12
Succès stories ivoiriennes

La Côte d'Ivoire regorge de marques locales qui, grâce à la passion, à la détermination et à l'innovation de leurs fondateurs, ont su percer sur le marché national, voire international. Ces success stories sont des exemples concrets de ce que l'on peut accomplir lorsque l'on croit en la valeur de ses produits, que l'on s'appuie sur ses racines culturelles, et que l'on s'engage sur la voie de l'excellence. Dans ce chapitre, je vous propose de découvrir certaines de ces histoires inspirantes qui montrent qu'avec de la détermination, de la stratégie, et un peu d'audace, il est possible de dépasser les frontières et de faire rayonner nos produits au-delà de nos frontières.

Le Chocolat Ivoire : De la Cabosse au Monde Entier

L'une des plus grandes fiertés de la Côte d'Ivoire est sans doute son cacao. Mais pendant longtemps, ce cacao était surtout connu pour être exporté et transformé à l'étranger. C'est là qu'entre en scène la marque "Chocolat Ivoire", une entreprise qui a décidé de transformer localement ce produit brut en chocolat haut de gamme. Fondée par une jeune entrepreneure ivoirienne passionnée, Chocolat Ivoire a commencé avec des ressources limitées, mais une vision claire : créer un chocolat de qualité, ancré dans la tradition, mais résolument tourné vers l'international.

Aujourd'hui, "Chocolat Ivoire" est une marque reconnue qui se retrouve sur les étagères de nombreuses boutiques à Paris, Londres, et même Tokyo. Cette réussite repose sur une stratégie simple mais efficace : miser sur la qualité et raconter une histoire. Chaque tablette de chocolat porte avec elle l'histoire des cultivateurs de cacao, leur savoir-faire, leur respect de la nature, et leur engagement pour une agriculture durable. En associant un produit de qualité à un storytelling émotionnel, la fondatrice de Chocolat Ivoire a su capter l'attention des consommateurs à travers le monde.

Ce succès nous enseigne qu'il est crucial de "créer un lien émotionnel avec le consommateur". Lorsque vous mettez en avant l'histoire derrière un produit, vous ne vendez pas seulement un objet, mais une expérience, une émotion. Et c'est exactement ce que recherche le consommateur moderne.

Kéraly, L'Huile de Karité 100% Ivoirienne

L'huile de karité est connue pour ses vertus exceptionnelles, que ce soit pour la peau ou les cheveux. Mais pendant longtemps, la production était dominée par des entreprises étrangères qui achetaient la matière brute en Afrique avant de la transformer ailleurs. Kéraly est une marque ivoirienne qui a décidé de changer la donne. En créant une unité de production moderne en Côte d'Ivoire, Kéraly transforme localement le beurre de karité en une gamme de produits cosmiques et de soins de beauté qui s'exporte aujourd'hui dans plusieurs pays d'Europe.

La force de Kéraly a été de s'appuyer sur le savoir-faire des femmes rurales qui collectent et préparent le karité. La marque valorise le travail de ces femmes en leur offrant un prix juste et en les formant aux meilleures pratiques de transformation. De plus, Kéraly s'est engagée à respecter des normes de production biologique et écologique, ce qui lui a permis de se positionner sur un segment de marché très demandé en Europe : celui des produits naturels et respectueux de l'environnement.

"Investir dans la qualité et l'éthique, c'est investir dans le long terme." C'est ce que nous enseigne la success story de Kéraly. Lorsque vous respectez la nature, valorisez les producteurs locaux et répondez aux attentes des consommateurs en matière de qualité et de transparence, le succès est à votre portée.

Les Paniers de Korhogo : L'Artisanat Local au Goût du Jour

Les paniers tressés de Korhogo sont un symbole de l'artisanat ivoirien. Pendant longtemps, ces paniers étaient principalement vendus sur les marchés locaux, mais grâce à l'initiative d'une jeune entreprise sociale, "Les Paniers de Korhogo", ils ont su conquérir de nouveaux marchés à l'international. Fondée par un collectif de jeunes passionnés d'artisanat et de développement durable, Les Paniers de Korhogo a réussi à moderniser le design des paniers tout en préservant les techniques de tressage traditionnelles transmises de génération en génération.

L'entreprise s'est concentrée sur la collaboration avec des designers internationaux pour créer des collections qui allient le savoir-faire traditionnel ivoirien à un design contemporain. Aujourd'hui, les paniers de Korhogo sont vendus dans des boutiques de mode éthique à New York, Berlin et Stockholm. L'entreprise a également mis en place une plateforme de vente en ligne, qui lui permet de toucher une clientèle internationale tout en évitant les intermédiaires.

Ce succès montre l'importance de l'innovation dans l'artisanat. "Pour conquérir de nouveaux marchés, il faut savoir s'adapter aux goûts des consommateurs tout en préservant son identité". Les Paniers de Korhogo ont su trouver cet équilibre, et leur histoire est une source d'inspiration pour tous les artisans ivoiriens qui souhaitent moderniser leurs produits sans renier leur culture.

L'Attiéké Gourmet : Redécouvrir un Plat Traditionnel

L'attiéké est l'un des plats les plus emblématiques de la Côte d'Ivoire. Mais pour beaucoup, il reste cantonné à un usage local. "Attiéké Gourmet" est une entreprise qui a décidé de donner une nouvelle vie à ce produit en le positionnant comme un aliment gastronomique. En retravaillant le packaging, en proposant des variantes enrichies (par exemple, à base de curcuma ou de gingembre), et en mettant l'accent sur la qualité et la traçabilité, Attiéké Gourmet a réussi à se différencier et à se faire une place sur le marché international.

L'une des clés de leur succès a été la participation à des salons alimentaires internationaux. En présentant leur produit lors d'événements comme le SIAL à Paris, ils ont pu se faire connaître, rencontrer des distributeurs et conclure des partenariats. Aujourd'hui, Attiéké Gourmet est présent dans des épiceries fines à travers l'Europe, et commence à s'implanter sur le marché nord-américain.

"Innover, c'est prendre un produit que tout le monde connaît et le présenter sous un jour nouveau." C'est exactement ce qu'a fait Attiéké Gourmet, et leur histoire montre qu'il est possible de donner une nouvelle dimension à nos produits traditionnels pour les rendre attractifs à l'international.

N'Tchi Fruits : Valoriser les Richesses Agricoles Locales

N'Tchi Fruits est une marque qui s'est donnée pour mission de valoriser les fruits tropicaux de la Côte d'Ivoire en les transformant localement en jus, confitures et fruits secs. Fondée par un entrepreneur passionné par l'agriculture durable, N'Tchi Fruits collabore directement avec des petits producteurs locaux et s'assure que les fruits sont cultivés sans pesticides et dans le respect de l'environnement.

La marque a mis en place une unité de transformation moderne, qui permet de produire des jus de haute qualité, sans conservateurs ni additifs. En participant à des foires internationales et en utilisant les plateformes de commerce en ligne, N'Tchi Fruits a réussi à se faire une place sur le marché européen, où la demande pour des produits naturels et respectueux de l'environnement est en constante augmentation.

La success story de N'Tchi Fruits montre l'importance de la transformation locale pour ajouter de la valeur aux produits agricoles. "Lorsque vous transformez localement, vous créez de l'emploi, vous valorisez les ressources du pays, et vous assurez une meilleure traçabilité des produits". C'est un modèle que d'autres producteurs pourraient suivre pour augmenter la valeur ajoutée de leurs produits.

Ces success stories ivoiriennes montrent que la réussite est possible, même avec des ressources limitées, à condition d'avoir une vision claire, de miser sur la qualité, et de savoir innover tout en respectant ses racines. Que vous soyez agriculteur, artisan, ou entrepreneur, il existe toujours un chemin vers la réussite. Il suffit de croire en ses produits, de savoir les présenter sous leur meilleur jour, et de ne jamais cesser d'innover. Ces histoires doivent nous inspirer, non seulement parce qu'elles sont des exemples de succès économiques, mais aussi parce qu'elles montrent que la richesse de la Côte d'Ivoire réside dans son potentiel local, dans ses hommes et femmes qui, chaque jour, travaillent pour faire connaître leur pays au reste du monde.

Chapitre 13
Le rôle de la femme dans la valorisation des produits locaux

En Côte d'Ivoire, les femmes sont souvent l'âme de l'économie locale. Elles sont présentes dans chaque maillon de la chaîne de production, de la culture des champs à la transformation des produits et à leur vente sur les marchés locaux. Pourtant, leur contribution économique et culturelle reste trop souvent invisibilisée, sous-estimée et sous-valorisée. Dans ce chapitre, je souhaite mettre en avant leur rôle crucial, leur dévouement, et les défis qu'elles rencontrent quotidiennement. C'est à travers le regard de ces femmes que nous comprenons l'importance de valoriser les produits locaux, car elles en sont les gardiennes et les promotrices les plus fidèles.

Les Femmes, Piliers de la Production Locale

Il est impossible de parler de la production locale sans évoquer le rôle central que jouent les femmes. Dans les zones rurales, ce sont elles qui cultivent les champs, qui s'occupent de la récolte et qui transforment les produits bruts en aliments prêts à la consommation. Que ce soit dans la production de manioc, de cacao, de karité ou encore d'attiéké, les femmes sont les véritables artisans du processus. Leur travail est essentiel, non seulement pour subvenir aux besoins de leur propre foyer, mais aussi pour approvisionner les marchés locaux et renforcer l'économie communautaire.

Prenons l'exemple de la transformation du manioc en attiéké. Cette transformation est presque entièrement assurée par des femmes, qui travaillent de longues heures pour produire cet aliment de base. Leur savoir-faire est transmis de génération en génération, et leur capacité à assurer une production constante et de qualité est essentielle à la sécurité alimentaire de nombreuses communautés. Pourtant, ces femmes travaillent souvent dans des conditions difficiles, avec des outils rudimentaires et un accès limité aux ressources financières.

Le Commerce Local : Un Secteur Dominé par les Femmes

Les femmes sont aussi au cœur du commerce des produits locaux. Dans les marchés de Treichville, de Bouaké ou de Yamoussoukro, elles tiennent les étals, discutent les prix, et assurent la distribution des produits agricoles, artisanaux et alimentaires. Elles connaissent parfaitement les produits qu'elles vendent, elles savent comment les présenter pour attirer les acheteurs, et elles sont souvent les premières à promouvoir la valeur des produits locaux par leur simple présence et leur implication.

Mais ici encore, les défis sont nombreux. Les femmes commerçantes doivent faire face à des infrastructures marchandes souvent insuffisantes, des problèmes de stockage, et un accès limité aux crédits pour agrandir leur commerce. Elles sont confrontées à une concurrence de plus en plus rude des grandes surfaces qui vendent des produits importés souvent à moindre coût, ce qui rend difficile la mise en avant des produits locaux. Pour surmonter ces obstacles, des initiatives telles que la création de coopératives féminines et l'accès à des microcrédits spécifiques sont nécessaires.

Les Coopératives Féminines : Une Solution Pour l'Autonomisation

Les coopératives sont une des solutions les plus efficaces pour renforcer l'autonomie économique des femmes et valoriser les produits locaux. En se regroupant, les femmes peuvent mutualiser leurs ressources, partager leurs compétences, et accéder plus facilement au financement. De nombreuses coopératives féminines en Côte d'Ivoire ont démontré qu'il était possible de transformer leur situation économique grâce à la force du collectif.

Prenons l'exemple de la coopérative des productrices de beurre de karité à Korhogo. Ces femmes se sont organisées pour produire un beurre de karité de haute qualité, qu'elles exportent aujourd'hui en Europe. Grâce à ce regroupement, elles ont pu bénéficier de formations sur les techniques de production biologique, obtenir la certification nécessaire pour l'exportation, et négocier de meilleurs prix pour leurs produits. Ces coopératives permettent aussi de renforcer la solidarité entre les femmes, qui se soutiennent mutuellement face aux difficultés quotidiennes.

Les Défis Spécifiques Rencontrés par les Femmes

Malgré leur rôle fondamental, les femmes font face à de nombreux défis qui freinent leur capacité à valoriser pleinement les produits locaux. Parmi ces défis, on peut citer :

1. **L'accès limité au financement** : Les femmes ont souvent du mal à accéder aux crédits bancaires, car elles ne disposent pas des garanties nécessaires ou ne possèdent pas de biens en leur nom. Cette absence de financement limite leur capacité à investir dans des outils modernes ou à agrandir leur activité.

2. **La charge de travail multiple** : En plus de leur travail dans les champs ou dans les marchés, les femmes sont responsables de la gestion du foyer, de l'éducation des enfants et des tâches ménagères. Cette charge de travail multiple laisse peu de temps pour développer leur activité économique ou pour suivre des formations qui pourraient les aider à améliorer leurs compétences.
3. **Les contraintes culturelles** : Dans certaines régions, les femmes sont confrontées à des normes culturelles qui limitent leur liberté de mouvement et leur accès aux opportunités économiques. Ces normes rendent difficile la création de réseaux d'affaires et freinent leur participation à certaines activités économiques.

Pour répondre à ces défis, il est important de mettre en place des politiques publiques qui visent à favoriser l'équité entre les sexes, notamment en facilitant l'accès des femmes au financement, en développant des programmes de soutien à l'entrepreneuriat féminin et en éduquant les communautés sur l'importance de l'égalité des chances.

Programmes de Formation et d'Accompagnement

Pour que les femmes puissent valoriser pleinement les produits locaux, il est essentiel de leur offrir des formations adaptées à leurs besoins. Des programmes de formation devraient être mis en place pour leur apprendre à mieux transformer et conserver les produits, à utiliser des techniques modernes et à améliorer leurs capacités de gestion d'entreprise. Les programmes d'accompagnement, quant à eux, doivent offrir un soutien continu, notamment en matière de marketing, de commercialisation et de recherche de nouveaux débouchés.

L'éducation est un levier essentiel pour l'autonomisation des femmes. En leur offrant des opportunités d'apprentissage, on leur donne les moyens de prendre des décisions éclairées et de se positionner comme des leaders dans la valorisation des produits locaux. Il est également crucial de créer des espaces de dialogue où les femmes peuvent partager leurs expériences, apprendre les unes des autres et se soutenir mutuellement.

Réseautage et Partenariats

Pour permettre aux femmes de mieux valoriser les produits locaux, il est nécessaire de les intégrer dans des réseaux d'affaires et de favoriser les partenariats avec d'autres acteurs économiques. Le réseautage permet de créer des liens entre les productrices locales et les distributeurs, les investisseurs, voire les marchés internationaux. Les ONG, les institutions publiques et privées peuvent jouer un rôle important en facilitant ces connexions.

Je me souviens d'une initiative menée par une ONG internationale dans la région de Man, où des productrices de cacao ont été mises en relation avec une entreprise de chocolat en France. Ce partenariat a permis non seulement d'améliorer les revenus des productrices, mais aussi de valoriser leur travail en proposant un chocolat 100% traçable, avec l'histoire des femmes derrière chaque tablette. "Lorsqu'une femme réussit, c'est toute sa communauté qui avance". Cette citation résume bien l'impact positif que peuvent avoir de tels partenariats sur la valorisation des produits locaux.

Conseils Pratiques pour les Femmes Engagées dans la Valorisation des Produits Locaux

1. **Rejoindre une coopérative** : Faire partie d'une coopérative permet de mutualiser les ressources et d'accéder plus facilement aux financements et aux marchés. La coopérative offre également un soutien moral et pratique, ce qui est précieux dans un environnement souvent difficile.
2. **Participer aux formations disponibles** : Que ce soit sur les techniques de production, de gestion ou de commercialisation, la formation est un outil essentiel pour se développer. Ne jamais hésiter à s'inscrire à des sessions, même si cela demande de l'organisation en termes de gestion du temps.
3. **Valoriser le savoir-faire local** : Mettre en avant l'authenticité et la qualité des produits locaux est un excellent moyen de se différencier. Par exemple, raconter l'histoire d'un produit, expliquer comment il est fabriqué, qui le fabrique et pourquoi il est unique peut attirer les consommateurs et les encourager à acheter.
4. **Explorer les opportunités en ligne** : Avec l'évolution des nouvelles technologies, de nombreuses plateformes permettent aujourd'hui de vendre des produits en ligne. Cela offre aux femmes l'opportunité d'atteindre une clientèle plus large, sans intermédiaire, et de se faire connaître au-delà des frontières.

Le rôle de la femme dans la valorisation des produits locaux est essentiel. Elle est la gardienne des savoir-faire traditionnels, la promotrice des richesses locales, et un pilier incontournable de l'économie ivoirienne. Cependant, pour que les femmes puissent exploiter pleinement leur potentiel, il est crucial de leur offrir le soutien nécessaire, que ce soit en matière de formation, de financement, ou de création de réseaux. Valoriser le travail des femmes, c'est valoriser les produits locaux, mais c'est aussi, et surtout, valoriser toute la société ivoirienne.

Chapitre 14
Les produits locaux dans l'économie circulaire

Dans le contexte actuel où les questions environnementales sont devenues prépondérantes, il est essentiel de repenser nos modèles de production et de consommation. L'économie circulaire, par opposition au modèle économique linéaire classique "produire, consommer, jeter", propose un modèle durable et responsable qui vise à limiter les déchets en réintégrant les ressources dans le cycle économique. Les produits locaux, de par leur nature, leur proximité et leur mode de production, ont un rôle essentiel à jouer dans cette économie circulaire. Dans ce chapitre, j'aimerais réfléchir avec vous à la manière dont nos produits locaux peuvent contribuer à créer une économie durable, à limiter les déchets et à favoriser une consommation responsable.

L'économie circulaire : de quoi parle-t-on exactement ?

L'économie circulaire est un modèle économique qui vise à optimiser l'utilisation des ressources en les gardant le plus longtemps possible dans le cycle de production et de consommation. Contrairement au modèle linéaire qui se caractérise par une extraction massive des ressources naturelles et la production de grandes quantités de déchets, l'économie circulaire se fonde sur la réutilisation, la réparation, le recyclage et la valorisation des produits et des matériaux. En d'autres termes, elle promeut une "boucle fermée" où rien ne se perd et tout se transforme.

Les produits locaux ont un avantage naturel dans ce modèle. Leur production génère souvent moins de déchets que les produits importés, car ils sont fabriqués à plus petite échelle et selon des méthodes plus artisanales. De plus, la proximité entre le producteur et le consommateur permet de réduire les emballages et les émissions de carbone liées au transport. Mais pour que les produits locaux s'intègrent complètement dans un modèle d'économie circulaire, il est essentiel de penser différemment à chaque étape du cycle de vie du produit.

La production durable : réduire l'impact environnemental à la source

Tout commence par la production. Pour intégrer les produits locaux à l'économie circulaire, il faut d'abord s'assurer que la production soit aussi durable que possible. Cela signifie minimiser l'utilisation des intrants chimiques, favoriser l'agroécologie, préserver la biodiversité, et utiliser des méthodes qui protègent la fertilité des sols. Par exemple, la culture du manioc, du cacao, ou de l'igname en Côte d'Ivoire peut être pratiquée selon des principes agroécologiques qui permettent de réduire les besoins en pesticides et en fertilisants.

Les pratiques agroécologiques non seulement réduisent l'impact environnemental de la production, mais elles permettent aussi d'améliorer la qualité des produits. Un cacao cultivé sans pesticides et avec des techniques respectueuses de l'environnement aura une qualité bien supérieure et pourra se vendre à un meilleur prix sur le marché international.

La transformation et la valorisation des déchets

Un des principes clés de l'économie circulaire est la valorisation des déchets. Lors de la transformation des produits locaux, il est important de penser à la façon de réutiliser les sous-produits et les déchets. Par exemple, dans la production d'huile de palme, les coques et les fibres qui restent après l'extraction de l'huile peuvent être utilisées comme combustible ou comme fertilisant organique.

De même, les restes de manioc peuvent être transformés en compost, qui servira à fertiliser les champs pour la prochaine saison. C'est cette capacité à réutiliser les déchets qui permet de boucler la boucle et de transformer ce qui était considéré comme un résidu en une ressource utile.

Le rôle des emballages écologiques

Les emballages sont un des aspects les plus problématiques de notre modèle de consommation actuel. L'usage excessif de plastique, souvent non recyclable, contribue de manière significative à la pollution environnementale. Pour les produits locaux, il est essentiel de trouver des solutions d'emballage qui soient à la fois pratiques, économiques et respectueuses de l'environnement.

Les producteurs locaux peuvent se tourner vers des emballages biodégradables, fabriqués à partir de matériaux naturels tels que les fibres de bananier, le papier recyclé ou même des feuilles de palmier. En utilisant des emballages écologiques, les producteurs peuvent non seulement réduire leur impact environnemental, mais aussi se différencier sur le marché en proposant des produits plus écoresponsables. Les consommateurs sont de plus en plus sensibles à l'impact des emballages, et proposer des alternatives durables est un excellent moyen de les attirer.

Le recyclage et la réparation : donner une seconde vie aux produits locaux

Un autre élément clé de l'économie circulaire est le recyclage et la réparation des produits. Pour les produits locaux, cela peut prendre plusieurs formes. Par exemple, les textiles traditionnels peuvent être réutilisés pour créer de nouveaux vêtements, des accessoires ou même des objets décoratifs. L'artisanat ivoirien offre de nombreuses possibilités de réutilisation et de valorisation des produits, avec des artisans qui sont passés maîtres dans l'art de la transformation.

Dans le domaine de l'agriculture, les machines et les outils peuvent être réparés plutôt que remplacés, ce qui permet de prolonger leur durée de vie et de réduire la nécessité d'extraire de nouvelles ressources pour fabriquer des équipements. Encourager la réparation et le recyclage est une manière de favoriser la création d'emplois locaux tout en réduisant l'empreinte écologique de la production.

Favoriser une consommation responsable

Enfin, pour que les produits locaux s'intègrent dans un modèle d'économie circulaire, il est nécessaire de favoriser une consommation responsable. Cela signifie encourager les consommateurs à choisir des produits qui ont été produits localement, qui sont de saison, et qui ont été transformés de manière durable.

Les campagnes de sensibilisation peuvent jouer un rôle important dans ce domaine. En informant les consommateurs sur l'impact environnemental de leurs choix, on peut les encourager à privilégier des produits locaux et durables. Par exemple, acheter des fruits et légumes de saison cultivés localement permet de réduire l'empreinte carbone liée au transport et d'encourager les producteurs locaux. Les marchés fermiers, où les producteurs peuvent vendre directement aux consommateurs, sont également un excellent moyen de promouvoir une consommation plus responsable et de créer un lien direct entre le producteur et le consommateur.

Le rôle des politiques publiques dans l'intégration des produits locaux à l'économie circulaire

Pour intégrer pleinement les produits locaux dans l'économie circulaire, il est nécessaire que les pouvoirs publics jouent un rôle actif. Des politiques publiques doivent être mises en place pour soutenir les producteurs qui adoptent des pratiques durables, pour faciliter l'accès au financement pour ceux qui souhaitent investir dans des technologies écologiques, et pour encourager le recyclage et la réparation. Par exemple, des subventions peuvent être accordées aux producteurs qui utilisent des emballages biodégradables, et des crédits d'impôt peuvent être offerts aux entreprises qui mettent en place des programmes de valorisation des déchets.

Il est également important de créer des infrastructures pour faciliter le recyclage et la gestion des déchets. En Côte d'Ivoire, comme dans de nombreux autres pays, la collecte et le traitement des déchets restent un défi majeur. En investissant dans des infrastructures de gestion des déchets et en mettant en place des systèmes de collecte sélective, il est possible de favoriser une meilleure valorisation des ressources et de réduire la quantité de déchets envoyés à la décharge.

Conseils pratiques pour les producteurs locaux

Pour les producteurs locaux qui souhaitent intégrer leurs activités à un modèle d'économie circulaire, voici quelques conseils pratiques :

1. **Misez sur la qualité et la durabilité** : Produire de manière durable, avec des méthodes qui respectent l'environnement, est non seulement bon pour la planète, mais cela peut aussi vous permettre de toucher une clientèle plus large, en particulier à l'international.
2. **Valorisez les sous-produits** : Cherchez des moyens de réutiliser les sous-produits de votre production. Par exemple, les déchets agricoles peuvent souvent être transformés en compost ou utilisés comme source d'énergie.
3. **Privilégiez les emballages écoresponsables** : En choisissant des emballages biodégradables ou recyclables, vous réduisez votre impact environnemental et répondez aux attentes des consommateurs soucieux de l'environnement.
4. **Formez-vous et sensibilisez vos clients** : L'économie circulaire repose également sur une bonne compréhension des enjeux. Formez-vous aux techniques de production durable et informez vos clients sur les avantages de vos produits et de vos pratiques écoresponsables.

L'intégration des produits locaux à l'économie circulaire est non seulement une nécessité pour assurer la durabilité de notre modèle économique, mais c'est également une opportunité de créer de la valeur, de réduire les déchets et de promouvoir une consommation responsable.

En valorisant nos ressources locales et en favorisant des pratiques durables à chaque étape du cycle de vie du produit, nous pouvons construire une économie plus résiliente et plus respectueuse de notre environnement.

Chapitre 15
L'impact des campagnes de sensibilisation

Les campagnes de sensibilisation sont des outils essentiels pour la promotion des produits locaux, et leur rôle dans la transformation des habitudes de consommation est indéniable. Elles ont pour but de créer une prise de conscience, de mobiliser les consommateurs autour des produits locaux, et de transformer cette prise de conscience en actions concrètes. Cependant, leur impact est souvent variable, dépendant de nombreux facteurs tels que la qualité du message, les médias utilisés, la durée de la campagne et la compréhension des besoins des consommateurs. Dans ce chapitre, j'analyse les effets des campagnes passées et propose des stratégies pour rendre les campagnes futures plus percutantes, afin de promouvoir davantage les produits locaux.

Analyse des campagnes passées : ce qui a fonctionné, ce qui n'a pas fonctionné

Pour comprendre l'impact des campagnes de sensibilisation sur les produits locaux, il est essentiel de faire un retour en arrière et d'analyser les campagnes passées. Certaines initiatives ont rencontré un franc succès, tandis que d'autres ont peiné à atteindre leur public cible. Prenons l'exemple de la campagne "Consommons ivoirien", qui a été lancée il y a quelques années pour encourager les citoyens à acheter des produits locaux. L'idée était simple mais puissante : promouvoir le patriotisme économique en soutenant les producteurs nationaux.

Cette campagne a eu un impact considérable auprès des jeunes urbains, en particulier grâce à son message percutant et à l'implication de personnalités publiques telles que des artistes et des influenceurs. En mettant l'accent sur la qualité des produits locaux et en utilisant des slogans engageants comme "Mon pays, mes produits", la campagne a réussi à créer un sentiment de fierté nationale autour de la consommation locale. En revanche, elle a été moins efficace dans les zones rurales, où l'accès à l'information et l'adhésion aux messages diffusés par les médias sociaux étaient plus limités.

Une autre campagne, "Mangeons ce que nous cultivons", a tenté de sensibiliser les Ivoiriens sur l'importance de préférer les produits agricoles locaux aux produits importés. Malheureusement, son impact a été mitigé, principalement à cause d'un manque de continuité et de cohérence dans le message. Le problème principal était que la campagne se concentrait davantage sur la culpabilisation des consommateurs plutôt que sur la mise en avant des bienfaits des produits locaux. Le ton moralisateur a suscité une certaine résistance, et les consommateurs n'ont pas réellement changé leurs habitudes de consommation.

Cette analyse nous montre que la manière dont le message est présenté est cruciale pour l'impact d'une campagne de sensibilisation. Les messages positifs qui suscitent la fierté et la motivation sont souvent plus efficaces que les approches basées sur la culpabilisation.

Stratégies pour des campagnes de sensibilisation plus percutantes

Pour que les futures campagnes de sensibilisation aient un impact significatif, il est essentiel d'adopter des stratégies adaptées au contexte local et aux différentes cibles visées. Voici quelques pistes à explorer :

Segmenter le Public cible

Toutes les campagnes ne peuvent pas s'adresser à tout le monde de la même manière. Pour rendre une campagne efficace, il est important de segmenter le public cible en fonction de différents critères : âge, lieu de résidence (rural ou urbain), niveau d'éducation, pouvoir d'achat, etc. Par exemple, une campagne destinée aux jeunes urbains pourrait utiliser les médias sociaux, des influenceurs et des événements dans les grandes villes, tandis qu'une campagne pour toucher les populations rurales pourrait se faire à travers les radios communautaires, des affichages dans les marchés locaux et des rencontres avec les leaders communautaires.

"Connaître son public est la première étape pour créer un message qui résonne." Segmenter le public permet de créer un message adapté, de choisir les bons canaux de communication et de maximiser l'impact de la campagne.

Utiliser des Ambassadeurs de la Culture Locale

Une des façons les plus efficaces de promouvoir les produits locaux est de s'appuyer sur des ambassadeurs capables de toucher le public et de susciter une réelle adhésion. Les artistes, les sportifs, les influenceurs locaux, ou même des entrepreneurs qui ont réussi dans la production locale, peuvent être des relais précieux pour inciter les consommateurs à préférer les produits nationaux. En donnant un visage au message, la campagne devient plus humaine et plus relatable.

Par exemple, un célèbre chanteur ivoirien pourrait prêter son image à une campagne sur les produits locaux, en montrant qu'il préfère consommer du cacao de Côte d'Ivoire ou des fruits cultivés dans son pays. Cela permet non seulement de créer de la fierté nationale, mais aussi de toucher un large public qui s'identifie à cet ambassadeur.

Adopter une Approche Positive et Inspirante

L'erreur commune de nombreuses campagnes passées a été de se concentrer sur la culpabilisation des consommateurs en leur rappelant qu'ils préféraient les produits importés. Pour être plus percutantes, les futures campagnes devraient adopter une approche positive. Plutôt que de montrer ce qui ne va pas, il est préférable de montrer ce qui est bien, de valoriser les producteurs, de raconter leurs histoires, de mettre en avant la qualité et les bienfaits des produits locaux.

Une campagne pourrait ainsi présenter des success stories de producteurs locaux qui ont su innover et atteindre des marchés à l'étranger, en expliquant comment le soutien des consommateurs a joué un rôle dans leur succès. Cela pourrait également inclure des témoignages de consommateurs qui parlent des bienfaits des produits locaux sur leur santé ou leur bien-être. L'idée est de créer une connexion émotionnelle et d'inspirer les gens à faire partie d'un mouvement positif.

Intégrer le Numérique et les Nouveaux Médias

Les nouvelles technologies et les médias sociaux sont aujourd'hui des canaux de communication indispensables pour toucher un large public, en particulier les jeunes. En intégrant des vidéos, des posts engageants, des concours ou des challenges sur les réseaux sociaux, les campagnes peuvent créer de l'engagement et inciter les consommateurs à agir. Par exemple, un challenge Instagram qui incite les participants à préparer un plat 100 % ivoirien avec des produits locaux pourrait créer un engouement et sensibiliser de façon ludique.

De plus, les applications mobiles peuvent être utilisées pour informer les consommateurs sur les points de vente des produits locaux, proposer des recettes, ou encore encourager l'achat en ligne de produits du terroir ivoirien.

Collaborer avec les Institutions Locales et les ONG

Pour garantir la portée et la pérennité d'une campagne de sensibilisation, il est crucial de travailler en partenariat avec les institutions locales et les ONG. Les collectivités locales, par exemple, peuvent jouer un rôle de premier plan en relayant les campagnes dans les écoles, les événements communautaires, ou les lieux publics. Les ONG qui travaillent dans le domaine du développement local et de la promotion de l'agriculture durable peuvent également apporter leur expertise et aider à mobiliser les populations.

La collaboration avec ces acteurs permet de créer des synergies et de maximiser l'impact des campagnes en touchant différentes franges de la population. Cela peut également inclure l'organisation d'ateliers de formation pour les commerçants et les producteurs, afin de les aider à mieux comprendre l'importance de la mise en avant de leurs produits et d'améliorer leur marketing.

Mesurer l'impact des campagnes : un outil nécessaire pour ajuster les stratégies

Pour savoir si une campagne de sensibilisation est efficace, il est indispensable de la mesurer. Les indicateurs clés de performance (KPI) tels que l'augmentation des ventes de produits locaux, le taux de notoriété de la campagne, ou le nombre de personnes touchées sont importants pour évaluer son succès. Il est également essentiel de recueillir les retours des consommateurs afin de comprendre ce qui les a motivés à acheter local ou, au contraire, ce qui les a freinés.

Ces retours permettent d'ajuster les futures campagnes et d'éviter de reproduire les mêmes erreurs. Par exemple, si une campagne n'a pas fonctionné dans les zones rurales, il est nécessaire de comprendre pourquoi et de trouver des solutions pour améliorer la portée du message dans ces régions.

Les campagnes de sensibilisation ont un rôle essentiel à jouer dans la valorisation des produits locaux et la transformation des habitudes de consommation. Pour qu'elles soient efficaces, il est indispensable de connaître le public cible, de choisir les bons canaux de communication, de créer une connexion émotionnelle avec les consommateurs et de collaborer avec tous les acteurs locaux

Chapitre 16
Construire une identité nationale forte grâce aux produits locaux

Les produits locaux sont bien plus que de simples marchandises à consommer. Ils sont le reflet de notre culture, de notre histoire, et de notre mode de vie. La Côte d'Ivoire est riche de ses traditions culinaires, de son artisanat varié, et de ses produits agricoles uniques qui racontent des histoires à chaque bouchée, à chaque coup de pinceau, à chaque article tissé. Dans un monde de plus en plus mondialisé, où les frontières semblent s'effacer sous l'effet des produits standardisés et des modes de consommation uniformisés, il est essentiel de revenir aux racines, de nous ancrer dans ce qui fait de nous des Ivoiriens : nos produits locaux.

Promouvoir les produits locaux, c'est bien plus que soutenir l'économie, c'est également renforcer notre identité nationale, raviver la fierté collective, et établir une connexion authentique entre les citoyens et leur pays. Dans ce chapitre, je vous propose de comprendre en quoi les produits locaux peuvent être le ciment d'une identité nationale forte et un élément central de l'unité de la Côte d'Ivoire.

Les produits locaux comme vecteurs de fierté nationale

Chaque produit local raconte une histoire qui nous est propre. Le cacao de Côte d'Ivoire, par exemple, n'est pas seulement une fève parmi d'autres sur le marché international du chocolat. C'est un symbole de notre patrimoine agricole, du dur labeur de nos cultivateurs et de la richesse de nos terres. En valorisant ce cacao à travers des produits transformés localement, comme le chocolat ivoirien ou le beurre de cacao, nous pouvons créer des symboles de fierté qui unissent les Ivoiriens autour d'une valeur commune : la qualité et l'authenticité de ce que notre pays peut offrir.

Imaginez un Ivoirien vivant à l'étranger, qui voit sur les étagères d'un supermarché de Paris une tablette de chocolat sur laquelle est inscrit "100 % Côte d'Ivoire". Ce n'est pas simplement un produit, c'est une part de son pays, de son enfance, de ses racines. Consommer ce chocolat, c'est se rapprocher de son identité. En promouvant et en consommant nos produits locaux, nous renforçons ce sentiment de fierté, d'appartenance à un même peuple, d'un même territoire.

La culture culinaire : une clé de l'unité nationale

En Côte d'Ivoire, la culture culinaire est un élément fondamental de la vie sociale et communautaire. Des plats comme l'attiéké, le foutou, le garba sont bien plus que des aliments, ce sont des marqueurs culturels qui rapprochent les gens. L'attiéké, par exemple, est présent sur toutes les tables, des régions lagunaires aux villes de l'intérieur. Il est devenu un élément fédérateur qui transcende les différences éthniques, religieuses et régionales. Promouvoir ces plats à l'échelle nationale, à travers des campagnes de sensibilisation et des événements culturels, permet de rappeler à chacun que, malgré nos différences, nous partageons des traditions communes.

L'artisanat local : refléter l'âme ivoirienne

L'artisanat local joue également un rôle crucial dans la construction de l'identité nationale. Que ce soit les pagnes tissés de Korhogo, les sculptures Baoulé, ou les bijoux Akan, chaque pièce artisanale reflète une part de notre culture, de nos mythes et de nos légendes. En mettant en avant ces produits, nous ne nous contentons pas de préserver un savoir-faire, nous participons à la transmission de notre histoire. Ces objets racontent qui nous sommes, d'où nous venons, et ils participent à la création d'un récit national qui peut être partagé par tous les Ivoiriens.

Pour que ces produits jouent pleinement leur rôle dans la consolidation de l'identité nationale, il est essentiel de soutenir les artisans, de faciliter leur accès aux marchés, et de les aider à faire connaître leurs produits au-delà de leur région d'origine. "Un peuple qui ne valorise pas ses traditions est un peuple qui se perd" [Kouassi, 2018]. La valorisation de l'artisanat local est donc un élément clé de la construction d'une identité nationale forte et unie.

La valorisation économique des produits locaux : un moteur d'unité sociale

La promotion des produits locaux ne concerne pas uniquement la culture et l'identité, mais également l'économie et le développement social. En achetant des produits locaux, nous soutenons les producteurs, les artisans, les commerçants qui vivent autour de nous. Nous contribuons à la création d'emplois, au développement des petites entreprises et, par conséquent, à la réduction des inégalités économiques. Cette prospérité partagée est un élément essentiel pour renforcer l'unité nationale. Lorsqu'un pays se développe de manière équilibrée, que les régions rurales et urbaines prospèrent ensemble, les tensions diminuent et la cohésion sociale s'en trouve renforcée.

De plus, promouvoir les produits locaux, c'est créer des liens entre les différents acteurs de la chaîne de production.

Le cultivateur de cacao, l'artisan qui transforme ce cacao en chocolat, le commerçant qui le vend, et le consommateur qui l'achète, participent tous au même projet économique et culturel. Cette interdépendance économique peut être un puissant vecteur d'unité, car elle nous rappelle que nous faisons partie d'un même tissu social et économique.

L'éducation : le levier de la transmission des valeurs locales

Pour construire une identité nationale forte autour des produits locaux, il est essentiel d'intégrer ces valeurs dans l'éducation. Les jeunes doivent être éduqués sur l'importance de consommer local, sur les avantages économiques, environnementaux et culturels que cela représente. Les programmes scolaires pourraient inclure des cours sur l'histoire des produits ivoiriens, des visites d'exploitations agricoles ou d'ateliers d'artisanat, afin que les élèves puissent comprendre concrètement la valeur de ce qui est produit dans leur pays.

En organisant des concours, des expositions de produits locaux dans les écoles, et en impliquant les élèves dans des projets de valorisation des produits locaux, nous contribuons à renforcer leur fierté pour leur pays et leur culture.

Les campagnes de sensibilisation : promouvoir l'union autour des produits locaux

Pour renforcer l'identité nationale, il est nécessaire de lancer des campagnes de sensibilisation qui mettent en avant la richesse de nos produits locaux et leur importance dans la création d'un sentiment d'appartenance partagé. Ces campagnes peuvent se faire à travers des médias, des événements communautaires, des foires agricoles et artisanales qui montrent le travail des producteurs locaux, leurs histoires, leurs efforts, et leur passion.

Conseils pratiques pour renforcer l'identité nationale par les produits locaux

1. **Consommez Local** : Chaque fois que vous faites un achat, demandez-vous si vous pouvez soutenir un producteur local. Acheter un produit local, c'est soutenir un compatriote, c'est contribuer à l'économie nationale, et c'est valoriser la richesse de votre pays.
2. **Promouvez les Produits Locaux** : En tant que citoyen, vous pouvez être un ambassadeur des produits de votre pays. Parlez-en autour de vous, encouragez vos amis et votre famille à choisir des produits ivoiriens, participez aux événements qui mettent en avant les produits locaux.
3. **Valorisez l'artisanat** : Achetez de l'artisanat local, exposez-le chez vous, offrez-le en cadeau. Chaque objet artisanal est une pièce unique qui raconte une part de l'histoire ivoirienne. En achetant ces produits, vous aidez à préserver un savoir-faire et à soutenir des artisans passionnés.
4. **Impliquez-vous dans des événements communautaires** : Participez aux foires, aux événements culturels et culinaires qui mettent en avant les produits locaux. Ces moments de partage sont essentiels pour renforcer les liens communautaires et créer un sentiment d'appartenance collective.

Les produits locaux ont un rôle fondamental à jouer dans la construction d'une identité nationale forte et d'une unité durable. En les valorisant, nous renforçons non seulement notre économie, mais aussi notre lien à notre histoire, à notre culture, et à nos traditions. C'est en consommant local, en valorisant ce qui est produit sur notre sol, que nous pouvons construire une Côte d'Ivoire forte, fière et unie.

Chapitre 17
Un appel à l'action citoyenne

Nous voici arrivés au dernier chapitre de ce livre, un chapitre qui n'est pas seulement une fin, mais un commencement. Un commencement pour chacun d'entre nous, un départ vers un engagement qui pourrait transformer notre économie, notre culture, et surtout notre unité nationale. J'aimerais ici lancer un appel, une invitation à chaque Ivoirien et Ivoirienne à prendre part activement au mouvement pour valoriser nos produits locaux. Nous avons exploré ensemble les avantages économiques, culturels et sociaux de nos produits ; maintenant, il est temps d'agir. Parce que, comme on le dit souvent, les petites actions font les grandes révolutions.

Je vous invite, chacun et chacune, à réfléchir à votre rôle dans cette mission collective. Comment, au quotidien, pouvez-vous contribuer à faire rayonner les produits locaux de Côte d'Ivoire, à soutenir nos producteurs et à faire croître notre économie nationale ? Voici quelques pistes, simples mais puissantes, qui peuvent faire une vraie différence.

Consommez Ivoirien, vivez Ivoirien

L'une des façons les plus simples de participer à cette action citoyenne est de consommer ivoirien. Chaque fois que vous faites des courses, posez-vous la question suivante : "Puis-je acheter un produit local ?" Privilégiez les fruits et légumes cultivés ici, achetez l'attiéké du coin plutôt qu'un aliment importé, préférez les cosmétiques à base de karité ivoirien à ceux fabriqués à l'autre bout du monde. En faisant cela, vous ne soutenez pas seulement un producteur local, vous soutenez une famille, une communauté, et vous contribuez à renforcer notre économie.

Quand nous achetons un produit local, nous ne faisons pas qu'un acte d'achat, nous faisons un acte d'engagement. "Chaque achat est un vote", disent certains. Et c'est vrai. En achetant un produit fabriqué chez nous, nous votons pour une économie locale plus forte, pour des emplois sur notre sol, pour des valeurs de qualité et d'authenticité.

Encourager les producteurs locaux

Il est également essentiel de montrer notre soutien à ceux qui se trouvent au cœur de ce mouvement : nos producteurs locaux. Ces hommes et femmes travaillent dur chaque jour pour produire des aliments, des objets, des matériaux qui nous rendent fiers d'être ivoiriens. Mais ils ne peuvent pas tout faire seuls. Nous devons leur montrer qu'ils ne sont pas seuls dans cette aventure.

Rendez-vous sur les marchés, parlez avec les vendeurs, montrez votre intérêt pour ce qu'ils font. Posez des questions sur les produits, les techniques de production, l'origine. Valoriser le travail des producteurs commence par les reconnaître et les encourager. Cela peut sembler banal, mais un mot d'encouragement peut faire une grande différence pour un producteur qui travaille parfois dans des conditions difficiles.

Par ailleurs, les coopératives sont un excellent moyen d'aider nos producteurs à se développer. Soutenez-les en achetant leurs produits, en partageant des informations sur leurs initiatives. L'entraide communautaire est une force qui peut faire une différence significative.

Privilégier les artisans et les produits faits à la main

L'artisanat est une partie intégrante de notre identité culturelle. Les objets faits à la main, les tissus tissés, les sculptures et bijoux racontent des histoires que nous devons préserver. Acheter des produits artisanaux locaux, c'est soutenir des traditions qui se transmettent de génération en génération et qui sont un patrimoine vivant de notre pays.

Lorsque vous avez besoin d'un présent, pensez aux produits faits par nos artisans. Offrez un pagne Baoulé, un bijou Akan, un objet sculpté. Non seulement vous avez entre vos mains quelque chose d'unique, mais vous soutenez aussi un savoir-faire précieux. Ça, c’est aussi un acte citoyen, un acte qui participe à la construction d'une identité forte et collective.

Réduire le gaspillage, recycler, réutiliser

La valorisation des produits locaux passe aussi par une gestion responsable des ressources. Pour qu’une économie locale prospère, il est important de minimiser le gaspillage. Par exemple, lorsque vous achetez des produits locaux, pensez à la façon dont vous pouvez maximiser leur utilisation. Les restes de manioc peuvent être transformés en galettes, les épluchures de fruits peuvent servir à faire du compost.

Le recyclage et la réutilisation sont également des éléments clés de cette dynamique. Ne jetez pas sans réfléchir ; cherchez des manières de donner une seconde vie aux objets. Les contenants en verre, par exemple, peuvent être réutilisés pour le stockage, les sacs en tissu peuvent remplacer les sacs plastiques. Chaque geste compte, car c’est dans les petits actes quotidiens que les grands changements commencent.

Participez aux événements locaux

Les foires agricoles, les marchés artisanaux, les événements culinaires sont des moments importants pour faire connaître nos produits locaux. Participer à ces événements est une manière simple et agréable de soutenir nos producteurs et artisans. Ces moments de rassemblement communautaire sont aussi l'occasion de créer des liens, d'en apprendre davantage sur ce que nous produisons et sur les personnes qui se cachent derrière ces produits.

Apportez vos amis, votre famille. Faites découvrir aux plus jeunes la richesse de nos produits. Créez un engouement, une dynamique autour de ces événements. Plus nous serons nombreux à nous engager, plus notre voix collective sera forte.

Devenir ambassadeur des produits locaux

Chacun de nous peut devenir un ambassadeur des produits locaux. Nous avons tous un rôle à jouer, que ce soit à travers nos actes d'achat ou simplement en parlant autour de nous de la richesse des produits ivoiriens. Parlez de ces produits à vos proches, partagez vos découvertes sur les réseaux sociaux, recommandez les produits que vous aimez à vos amis.

Si vous travaillez dans le secteur de la restauration ou de la vente, soyez proactif. Mettez en avant les produits locaux, expliquez leur origine, leur qualité, leur histoire. Les mots ont un pouvoir immense, et chaque recommandation est une chance de plus de convertir quelqu'un à la cause de la consommation locale.

Soutenir les politiques publiques en faveur des produits locaux

Nous devons aussi encourager nos responsables politiques à mettre en place des mesures qui facilitent la production et la commercialisation des produits locaux. Par exemple, des subventions pour les producteurs locaux, des aides à l'exportation, des campagnes de sensibilisation à grande échelle, ou encore des programmes de formation pour aider les producteurs à améliorer la qualité de leurs produits.

Nous avons le pouvoir de faire entendre notre voix, de demander à nos dirigeants de soutenir davantage les initiatives locales. Plus nous serons nombreux à nous mobiliser, plus ils auront de raison d'agir. Parce qu'au fond, la valorisation des produits locaux est une cause nationale, une cause qui bénéficie à chacun de nous.

L'union fait la force : engageons-nous ensemble

Le changement commence par chacun de nous, mais il se concrétise vraiment lorsque nous agissons ensemble. En tant que citoyens, nous avons le pouvoir de créer une dynamique collective autour des produits locaux, de faire de cette cause une véritable priorité nationale. Engageons-nous ensemble, soutenons nos producteurs, consommons local, et faisons de la Côte d'Ivoire un exemple de pays qui sait valoriser ses richesses et son identité.

Ensemble, nous pouvons faire la différence. Ensemble, nous pouvons faire rayonner la Côte d'Ivoire au-delà de nos frontières. Chaque geste compte, chaque achat compte, chaque mot compte. Et c'est par nos actions, aussi petites soient-elles, que nous pourrons construire une économie plus forte, une culture plus vivante, et une identité nationale plus solide.

Cet appel est une invitation à chacun d'entre nous à prendre ses responsabilités, à devenir acteur du changement. La valorisation des produits locaux est un projet collectif, et c'est ensemble que nous pouvons y parvenir. Alors, n'attendons plus. Agissons, maintenant

Conclusion
L'avenir de la Côte d'Ivoire est entre nos mains

Nous sommes arrivés au terme de ce livre, un cheminement qui nous a permis de découvrir, de redécouvrir, et de comprendre l'importance des produits locaux de Côte d'Ivoire, non seulement pour notre économie, mais aussi pour notre culture et notre identité nationale. Il est aujourd'hui évident que la valorisation de nos richesses locales est une nécessité à plusieurs niveaux, une nécessité économique, sociale et culturelle qui doit mobiliser l'ensemble de la société ivoirienne.

Nous avons exploré ensemble le rôle des produits locaux dans la construction d'une économie plus autonome, plus résiliente face aux fluctuations du marché international, mais aussi plus équitable. Consommer local, c'est soutenir nos producteurs, nos artisans, nos commerçants, et créer des emplois là où il en manque souvent cruellement. C'est construire une économie qui profite d'abord à ceux qui sont au cœur de la production et non aux intermédiaires éloignés. C'est aussi, et surtout, préserver notre savoir-faire, ces traditions qui ont traversé les siècles et qui continuent de nous définir en tant que peuple.

Mais au-delà de l'aspect économique, la promotion des produits locaux est une affaire de culture, de fierté, d'appartenance. En valorisant ce que nous produisons ici, sur notre sol, avec notre savoir-faire, nous contribuons à renforcer notre identité commune. Il est trop facile, dans un monde où les produits circulent sans frontières et où les marques internationales semblent omniprésentes, d'oublier la richesse qui se trouve à nos pieds. Consommer local, c'est également défendre cette identité, montrer au reste du monde que nous sommes fiers de qui nous sommes et de ce que nous avons à offrir.

Je vous ai invités tout au long de ce livre à vous engager activement pour soutenir ce mouvement de valorisation des produits locaux. Et cette invitation n'est pas un vain mot. L'avenir de la Côte d'Ivoire repose entre nos mains. Nous avons tous un rôle à jouer dans ce grand projet. Que vous soyez producteur, artisan, commerçant, décideur politique, enseignant, ou simplement consommateur, vous avez un impact potentiel immense. C'est en multipliant les actions individuelles, aussi petites soient-elles, que nous parviendrons à créer un mouvement collectif de grande ampleur, un mouvement capable de transformer nos habitudes de consommation et d'entraîner une véritable révolution économique et culturelle.

Nous devons apprendre à apprécier ce que nous avons, à valoriser nos propres produits. Nous devons inculquer aux plus jeunes la fierté de leurs racines, de leur culture, de leur terroir. L'éducation est au cœur de cette transformation. Les enfants qui grandissent en apprenant la valeur des produits locaux seront les consommateurs, les producteurs, les entrepreneurs de demain, et ils agiront avec la conscience de la richesse qu'ils ont à leur disposition.

De même, nous devons encourager les pouvoirs publics à soutenir les initiatives locales, à créer des cadres favorables pour que les petites entreprises puissent se développer, que les producteurs puissent avoir accès aux ressources nécessaires, et que les marchés locaux puissent se développer et se moderniser. Les politiques publiques jouent un rôle déterminant dans cette dynamique, et il est essentiel que chaque citoyen fasse entendre sa voix pour soutenir ces politiques.

Mais tout commence par nous, par des choix quotidiens. Choisir d'acheter un produit fabriqué localement plutôt qu'un produit importé, choisir de consommer des fruits de saison plutôt que des fruits qui ont voyagé des milliers de kilomètres, choisir de faire confiance à nos artisans et à nos entrepreneurs. Chacun de ces choix à un impact. Chacun de ces choix nous rapproche d'une économie plus forte, d'une société plus solidaire, d'une identité nationale plus affirmée.

C'est pourquoi, à travers cette conclusion, je souhaite vous inviter, une fois de plus, à devenir acteur du changement. Ne sous-estimez jamais l'importance de votre engagement personnel. Chaque action compte. Chaque geste de soutien, chaque achat, chaque mot de promotion d'un produit local contribue à renforcer notre économie, à valoriser notre culture, et à créer un sentiment de fierté nationale partagée. Nous avons en nous les ressources nécessaires pour faire de la Côte d'Ivoire un exemple de pays qui sait valoriser ses richesses, qui sait être fière de ce qu'elle produit et qui sait mobiliser ses citoyens pour un projet commun.

L'avenir de notre pays repose sur notre capacité à croire en nous-mêmes, à croire en nos produits, à croire en nos producteurs. Nous devons nous rappeler que les grandes nations se construisent à partir de petites actions qui, cumulées, finissent par avoir un impact immense. Soyons donc fiers de ce que nous sommes, de ce que nous produisons, et engageons-nous, chacun à notre échelle, pour faire de la Côte d'Ivoire un pays prospère, uni, et rayonnant. L'avenir est entre nos mains, et il est temps d'agir.

Références Bibliographiques

Pérez, Eduardo (2019). *Agroécologie et Développement Durable*

Smith, Jessica (2021). *Vers une Économie Circulaire: Réduire, Réutiliser, Recycler.* Oxford University Press.

Kouassi, Amadou (2018). *Patrimoine Culturel et Identité Nationale*

Touré, Fatoumata (2019). *Éducation et Transformation Sociale en Afrique..*

Kouadio, Jean-Marc (2020). *La Révolution Numérique et le Développement en Afrique.*

Gueye, Mamadou (2017). *Économie Locale et Développement Communautaire en Afrique de l'Ouest*

N'Dri, Yao (2016). *Entrepreneuriat et Artisanat en Côte d'Ivoire.* Éditions du Soleil.

Hounkpe, Josiane (2020). *Femmes, Artisanat et Développement Durable en Afrique.*

Diarra, Sekou (2018). *Campagnes de Sensibilisation et Changement des Mentalités en Afrique.*

Zadi, Clarisse (2021). *Consommation Locale et identité culturelle.*

Table des matières

Structures éditoriales du groupe L'Harmattan

L'Harmattan Italie
Via degli Artisti, 15
10124 Torino
harmattan.italia@gmail.com

L'Harmattan Hongrie
Kossuth l. u. 14-16.
1053 Budapest
harmattan@harmattan.hu

L'Harmattan Sénégal
10 VDN SICAP AMITIE 3
BP 45034 Dakar-Fann
direction@senharmattan.com

L'Harmattan Cameroun
Tsinga/Derrière polyclinique FECAFOOT
BP 11486 Yaoundé
Jacques.koukam@harmattan.fr

L'Harmattan Burkina Faso
Villa 281, secteur 23 623, rue 14.32
Ouagadougou
zagbie@outlook.fr

L'Harmattan Guinée
Almamya, rue KA 028 OKB Agency
BP 3470 Conakry
harmattanguinee@yahoo.fr

L'Harmattan RDC
185, avenue Nyangwe
Commune de Lingwala - Kinshasa
matangilamusadila@yahoo.fr

L'Harmattan Congo
219, avenue Nelson Mandela
BP 2874 Brazzaville
deunovmikhael@gmail.com

L'Harmattan Mali
Immeuble Mgr Jean Marie Cissé
Aci Hamadallaye
BP 145 Bamako
syllaka@yahoo.fr

L'Harmattan Togo
Djidjole - Maison Amela
face EPP BATOME
02 BP 20680 Lomé
didieramela11@gmail.com

L'Harmattan Côte d'Ivoire
Résidence Karl - Cité des Arts
Abidjan-Cocody
03 BP 1588 Abidjan
harmattan.ivoire@gmail.com

L'Harmattan Bénin
Rue 604, (Immeuble à l'entrée
de la rue UCAO- Cite de Saint-Jean)
Cotonou
stepcorpus@gmail.com

Nos librairies en France

Librairie internationale
16, rue des Écoles
75005 Paris
librairie.internationale@harmattan.fr
01 40 46 79 11
www.librairieharmattan.com

Librairie des savoirs
21, rue des Écoles
75005 Paris
librairie.sh@harmattan.fr
01 46 34 13 71
www.librairieharmattansh.com

www.ingramcontent.com/pod-product-compliance
Lightning Source LLC
LaVergne TN
LVHW051356061026
849535LV00009B/3221
* 9 7 8 2 3 3 6 5 5 0 6 4 0 *